Umweltfreunde 3

D1674215

Ein Sachbuch
für die Grundschule

Herausgegeben von

Inge Koch

Erarbeitet von

Kathrin Bertram

Silvia Ehrich

Marion Kloss

Inge Koch

Christine Köller

Rolf Leimbach

Silke Nitschel

Gerhild Schenk

VOLK UND WISSEN

Umweltfreunde 3

Herausgegeben von
Inge Koch

Erarbeitet von
Kathrin Bertram, Silvia Ehrich, Marion Kloss, Inge Koch, Christine Köller,
Rolf Leimbach, Silke Nitschel, Gerhild Schenk

Unter Einbeziehung der Ausgabe von
Katharina Bruntsch, Sandra Chryselius, Heike Dietrich, Silvia Ehrich,
Marion Kloss, Inge Koch, Rolf Leimbach, Silke Nitschel, Ulrike Rathjen,
Ellen Soppa, Diana Voß

Redaktion: Britta Frosina, Christa Krauthakel, Barbara Bütow
Bildrecherche (Foto): Peter Hartmann
Illustrationen: Uta Bettzieche (Detektiv und Hund, 54–55); Katharina Knebel (7–12, 14, 16, 17, 19, 22, 24, 26–29, 34–38, 41 M., 42–46, 49, 51–53, 60–61, 66–67, 71, 74, 78, 84, 92, 106, 110, 116–118, 121 o., 124–125); Karl-Heinz Wieland (40, 58–59, 63, 76 o., 77, 88–89, 91, 95–97, 113 untere Reihe, 122); Hans Wunderlich (41 o., 56, 64, 98) sowie Lisa Apfelbacher (79, 103, 126); Gabriele Heinisch (108–109); Kirsten Höcker (114–115); Sandra Menke (72); Daniel Napp (121 u.); Oliver Regener (99)
Umschlaggestaltung: tritopp, Berlin; Katharina Knebel (Illustration),
Uta Bettzieche (Detektiv und Hund)
Layout und technische Umsetzung: tritopp, Uwe Becker, Berlin

www.vwv.de

Die Links zu externen Webseiten Dritter, die in diesem Lehrwerk angegeben sind, wurden vor Drucklegung sorgfältig auf ihre Aktualität geprüft. Der Verlag übernimmt keine Gewähr für die Aktualität und den Inhalt dieser Seiten oder solcher, die mit ihnen verlinkt sind.

1. Auflage, 1. Druck 2010

© 2010 Cornelsen Verlag/Volk und Wissen Verlag, Berlin

Alle Drucke dieser Auflage sind inhaltlich unverändert
und können im Unterricht nebeneinander verwendet werden.

Druck: CS-Druck CornelsenStürtz, Berlin

ISBN 978-3-06-082372-7

 Inhalt gedruckt auf säurefreiem Papier aus nachhaltiger Forstwirtschaft.

Inhalt

In der Schule

Wie lernen Kinder in anderen Ländern?
Wie sollen wir unser Zusammenleben in der Schule gestalten?
Wie sage ich meine Meinung?

Schule anderswo

Australien: Meine Schule ist 1000 km von unserer Farm entfernt. Deshalb lerne ich zu Hause. Mutti hilft mir dabei. Täglich spreche ich über ein „two-way radio" (Funk) eine halbe Stunde mit meiner Lehrerin. Sie schickt mir in einer E-Mail Aufgaben, die ich löse und ihr dann zurücksende. Meine Mitschüler, die auch so lernen, treffe ich nur ab und zu in der Schule bei unseren Familientreffen.

Emily

China: Bei uns beginnt die Schule mit Frühsport. Alle machen die Übungen mit. Dann sind wir fit für den Unterricht. In meiner Klasse sind 52 Kinder. Unser Schultag dauert von 7.30 Uhr bis 16.00 Uhr, mittags sind zwei Stunden Pause. Es ist ziemlich schwer, chinesisch zu schreiben. Wir haben mehr als 50 000 Schriftzeichen. Das Wort „Schule" besteht aus 2 Zeichen.

Yan-Yin

学校

USA: Bei uns dauert die Grundschulzeit 6 Jahre. Ich bin jetzt sieben und in der 3. Klasse. In meiner Klasse sind 25 Kinder. Ich mag besonders Mathematik und Sport, da habe ich ein **A**, das ist: sehr gut. **B** bedeutet: gut … und so weiter, **F** heißt: nicht bestanden. Mein Lieblingssport ist Baseball. In unserer Schulmannschaft bin ich Schlagmann und Läufer.

Michael

1 Betrachte die Bilder. Lies die Texte. Vergleiche mit deiner Schule.

 Suche die Länder im Atlas.

Hundeschule ist immer an der frischen Luft!

Ja, wenn die Sonne scheint.

S. 2, S. 3

Hallo, mein Name ist Jack. Ich bin 7 Jahre alt.
Ich wohne in London. Das ist die Hauptstadt
von Großbritannien.
Ich bin mit 5 Jahren in die Schule gekommen
und gehe jetzt in die 3. Klasse.
Hier seht ihr meinen Stundenplan:

in Englisch	Time	Monday	Tuesday	Wednesday	Thursday	Friday
	9.05–9.30	Mental Maths	Mental Maths	Mental Maths	ICT	Assembly
	9.30–10.15	Maths	Maths	Maths	Mental Maths	Maths

in Deutsch	Uhrzeit	Montag	Dienstag	Mittwoch	Donnerstag	Freitag
	9.05–9.30	Kopfrechnen	Kopfrechnen	Kopfrechnen	Informatik	Versammlung
	9.30–10.15	Mathe	Mathe	Mathe	Kopfrechnen	Mathe
	10.15–10.45	Versammlung	Versammlung	Versammlung	Versammlung	Mathe
	10.45–11.00	Pause				
	11.00–12.00	Englisch	Englisch	Deutsch	Englisch	Deutsch
	12.00–12.30	Bücherkiste	Rechtschreibung	Kreisgespräch	Schreiben	Handschrift
	12.30–13.30	Mittagessen				
	13.30–14.30	Informatik	Geschichte	Kunst	Lesen	Sachunterricht
	14.30–15.15	Sachunterricht	Sport	Musik	GE*	Sport

* GE bedeutet Gesundheitserziehung.

Wir sind 33 Kinder in der Klasse.
Mein Lieblingsfach ist Geschichte.
Versammlungen gibt es in der Schule
und in der Klasse.
Zur Schulversammlung treffen sich
regelmäßig alle Kinder. Wir singen,
beten oder hören Geschichten.
In der Klasse besprechen wir alle
wichtigen Dinge des Schultages,
zum Beispiel den Streit von Jessica und
Charlie oder das Klassenfest nächste Woche.

2 Betrachte den Stundenplan.
Finde Gemeinsamkeiten und Unterschiede zu deinem Schultag.

 Informiere dich über die Schule in einem weiteren Land. Berichte.

Fremde Länder – fremde Kinder?

Neulich auf dem Sportplatz der Schule …

1   Berichte, was Pablo auf dem Sportplatz widerfährt.
Vermute, warum die Jungen ihn so behandeln.

Am nächsten Tag in der Schule …

2   Beratet darüber, was die Klasse besprochen haben könnte.

⭐   Spielt die Situation nach. Wie fühlt ihr euch als Pablo?
Wie fühlt ihr euch in der Rolle der anderen Jungen?

Einige Wochen später findet in Pablos
Klasse eine Projektwoche statt.
Das Thema heißt „Fremde Länder".
Pablo erzählt von Spanien und hat dazu
gemalt. Er gibt auch Rätsel auf.
Das sind Beispiele aus seinem Vortrag:

Spanien ist fast überall von Wasser
umgeben. Auf der einen Seite des Landes
liegt der Atlantische Ozean, auf der
anderen Seite das Mittelmeer.
Eine bekannte spanische Insel
im Mittelmeer heißt M…

Im Garten meiner Großeltern in Spanien
stehen viele Obstbäume mit O…, Zitr…
und Pfirsichen.
Im Sommer fliege ich mit meinen Eltern
hin und helfe bei der Ernte. Das macht
viel Spaß.

Alle Spanier lieben Fußball. Und fast
jeder kleine Junge möchte am liebsten
ein berühmter Stürmer werden.
Mein Lieblingsverein heißt „Real M…"
Er ist aus der Hauptstadt.

In Spanien ist es meist sehr warm.
Deshalb machen viele Menschen jeden Tag
eine lange Mittagspause, die nennt man
S… Dann schließen alle Geschäfte,
und in dieser Zeit ist auch
kein Unterricht.

3 Die Jungen und Mädchen finden Pablos Bericht interessant.
Nur Lisa meint, dass es in Spanien gar nicht so viel anders ist als in Deutschland.
Was denkst du?

Der Klassenrat tagt

Jede Woche könnt ihr Wünsche, Beschwerden und Lob in einem
Briefkasten sammeln oder an der <u>Pinnwand</u> veröffentlichen.

Am Ende der Woche tagt der <u>Klassenrat</u>.
Zuerst wird festgelegt:

• Was wollen wir beraten?	⟶ Thema
• Wer soll das Gespräch leiten?	⟶ Leitung
• Wie lange wollen wir beraten?	⟶ Zeit
• Wer notiert die Beratungspunkte an der Tafel?	⟶ Tafelnotiz
• Wer schreibt zu den Ergebnissen der Beratung ein Protokoll?	⟶ Protokoll

Jeder kann seine Meinung sagen.
Am besten geht es mit der Fünf-Finger-Methode.

Mein Anliegen

Wie fühle ich mich dabei?

Was möchte ich erreichen?

Welche Lösungen gibt es?

Was meint ihr?

Ich habe immer recht!

Wir sprechen heute darüber, wie jeder mal am Computer arbeiten kann. Zuerst Vanessa.

Ich möchte mehr Zeit am Computer haben. Ich fühle mich gestört, weil oft jemand drängelt. Alle sollen mal drankommen. Ich schlage eine Benutzerliste vor. Was meint ihr?

Viele Kinder melden sich daraufhin zu Wort.

So kann das Ergebnisprotokoll aussehen:

> Der Klassenrat hat getagt   4.5.2010
> Problem: Immer ist der Computer besetzt!
> Lösungsvorschläge:
> 1.) Benutzerliste aufstellen
> 2.) die Klassenleiterin soll entscheiden
> 3.) Zeitplan (jeder darf höchstens 15 Minuten)
> Abstimmung: 25 Kinder
> a) Die Mehrheit (20) lehnt Vorschlag 2 ab.
> b) Vorschlag 1:   Ja: 25
> c) Vorschlag 3:   Ja: 21 Nein: 4
> Beschluss: Vanessa und Matz stellen die Benutzer-
> liste mit Zeitplan auf und hängen sie aus.

Ein Gespräch leiten

- Bitte die Kinder um Wortmeldungen.
- Notiere die Namen der Kinder in der Reihenfolge, wie sie sich melden.
- Gib einem nach dem anderen das Wort.
- Achte darauf, dass nicht mehrere zugleich reden.
- Mit einer kleinen Glocke kannst du um Ruhe bitten.

Ein Ergebnisprotokoll schreiben:

- Notiere das Problem.
- Schreibe alle Lösungs-vorschläge auf.
- Notiere das Ergebnis eurer Abstimmung.
- Schreibe auf, was ihr beschlossen habt.
  – Wer ist verantwortlich?
  – Bis wann?
- Das Ergebnisprotokoll hängst du aus.

Eine Meinung äußern

Was haltet ihr davon, Sprachen zu lernen?

> Ich finde es toll, wenn ich mit Lucien aus Frankreich sprechen kann.

> Ich schaue mir manchmal Fernsehsendungen aus anderen Ländern an und würde die Wörter gern verstehen.

> Ich will gern Englisch lernen. Das kann ich später bestimmt gut gebrauchen.

> Ich finde, eine Sprache reicht.

> Ich würde ja gern mit Kindern aus anderen Ländern reden. Aber ich habe keine Lust, so viel zu lernen.

Du hast das Recht, deine Meinung frei zu äußern. Oft sagst du dann: „Ich meine …", „Ich denke …", „Ich finde …", „Meiner Meinung nach …". Manchmal änderst du auch deine Meinung: zum Beispiel, wenn dich Meinungen von anderen zum Nachdenken bringen oder wenn du Neues aus dem Fernsehen oder der Zeitung erfährst.

> Ich finde, ihr solltet mich auch verstehen.

1 Bei einem Meinungsstreit solltest du Regeln beachten. Ergänze noch:
- Äußere deine Meinung kurz und für andere verständlich.
- Begründe deine Meinung, zum Beispiel mit einem Weil-Satz.
- Kränke oder verletze andere nicht mit deinen Äußerungen.
- Höre anderen genau zu. Prüfe die Meinung anderer kritisch.
- …

Aus der Vereinbarung der UNO über die Rechte der Kinder:
Jedes Kind, das fähig ist, sich eine eigene Meinung zu bilden, hat das Recht, seine Meinung frei zu äußern. Nach Alter und Reife des Kindes sollte seine Meinung berücksichtigt werden.

Im Herbst

Wie verändern sich im Herbst die Pflanzen, die Tiere und das Wetter?
Warum wird es im Herbst jeden Tag früher dunkel?
Welchen Nutzen haben Wetterberichte?

Ein Park im Herbst

Im Lebensraum Park leben viele verschiedene Pflanzen
und Tiere zusammen. Besucher des Parks erfreuen sich
an der schönen, vielfältigen Natur. Wenn sich die Laubblätter
der Bäume färben, ist der Herbst da.

Warum färben sich die Blätter und fallen ab?
Im Sommer nehmen die Blätter der Laubbäume viel Licht auf.
Das geht nicht ohne Blattgrün – einen grünen Farbstoff
in ihren Blättern. Mit Licht, Luft und Wasser können
die Bäume nun Nährstoffe bilden und wachsen.
Im Herbst stellen sich die Bäume auf ihre Winterruhe ein.
Sie entziehen ihren Blättern das wichtige Blattgrün
und speichern seine Bausteine in Ästen und Stämmen.
Für kurze Zeit sind in den Blättern nun andere Farbstoffe
sichtbar – erst Rot, dann Gelb.
Die Blätter färben sich bunt. Schon ab August
bildet sich am unteren Rand jedes Blattstieles
auch eine Trennschicht aus Kork.
Sie verschließt die Zweige. Ein Windstoß nur,
und die Blätter fallen ab.

Was plumpst da von Bäumen und Sträuchern?
Im Sommer bilden sich an den Kastanienbäumen
stachlige Kugeln. In jeder Kugel wachsen
1 bis 2 Samen heran. Die Hüllen platzen auf
und fallen zu Boden. Beim Aufprall rollen
die glänzenden braunen Samen oft aus
den Stachelhüllen. Eicheln purzeln vom Baum.
Und der Wind weht die ölhaltigen Haselnüsse
vom Haselstrauch.

1 Erzähle, woran du den Herbst erkennst.
Wie klingt es, wenn die verschiedenen Früchte
herabfallen?

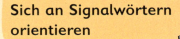

Wie die Pflanzen stellen sich auch die Tiere
im Herbst auf den Winter ein.
Jedes Tier bereitet sich auf seine Weise vor.

Eichhörnchen

Im Herbst sucht das Eichhörnchen im Park Nüsse,
Eicheln und Bucheckern. Eifrig springt es umher,
um die Früchte zu sammeln und als **Wintervorrat**
unter Laub oder im Erdboden zu verstecken.
Im Winter ruht das Tier in seinem Kobel. Es wird nur
manchmal wach, um auf **Nahrungssuche** zu flitzen.
Ob es die Früchte und Samen wiederfindet?

Sich an Signalwörtern orientieren

- Lies die Signalwörter.
  Sie sind fett gedruckt.
- Schreibe dazu wichtige
  Aussagen auf.
- Notiere selbst Signalwörter.

Igel

Im Sommer und im Herbst frisst sich der Igel einen dicken
Winterspeck an. Er sucht Regenwürmer, Schnecken, Käfer
und Spinnen. Spätestens im November zieht er sich in sein
frostsicheres **Winterquartier** zurück und fällt bis in den
April hinein in einen langen Winterschlaf.

Wespe

Das Leben einer Wespe ist kurz, denn sie lebt nur
einen Sommer. Beim ersten Frost im Herbst stirbt sie.
Nur **Jungköniginnen** überwintern in frostsicheren,
engen Ritzen. Ab Mitte April sind Wespen wieder
bei der Nest- und Nahrungssuche zu beobachten.

Grasmücke

Der winzige Singvogel, mit 13 cm Länge gerade so groß wie
eine Computermaus, fliegt im Herbst einen 10 000 km langen
Flugmarathon nach Süden bis in sein **Winterquartier**
in Afrika. Dafür braucht die kleine Grasmücke viel Kraft.
Sie frisst Insekten, Larven, Spinnen und Schnecken, aber auch
Beeren und Früchte. Erst im Mai kehrt der Zugvogel zurück.

2 Halte einen Vortrag über Tiere im Herbst.
Nutze dazu Signalwörter.

Tagbogen in den Jahreszeiten

Die Sonne beschreibt am Himmel jeden Tag aufs Neue scheinbar
einen Bogen, das nennt man Tagbogen der Sonne.
Tatsächlich bewegt sich die Erde um sich selbst – einmal in 24 Stunden.
Dabei erreichen die Sonnenstrahlen nach und nach immer einen Teil der Erde.
Dort ist Tag. Wo die Strahlen nicht hinkommen, ist Nacht.

1 Stellt mit Globus und Taschenlampe dar,
wie das Licht um die Erde wandert.

Im Herbst siehst und spürst du: Morgens wird es
später hell, abends früher dunkel. Die Sonne
wärmt weniger. Nachts ist es kühler. Aber weshalb?

MEZ (Mitteleuropäische Zeit)   8.00

Der Herbst beginnt am 23. September, Tag und Nacht sind gleich lang.
Die Tage werden kürzer, die Nächte länger. Die Sonne steht mittags
jeden Tag tiefer am Himmel. Ihre Strahlen treffen Tag für Tag schräger
auf die Erde. Land und Ozeane kühlen ab.

MEZ   8.00

Der Winter fängt am 21. Dezember an. Es ist der kürzeste Tag und die längste
Nacht. Nach diesem Tag, der Wintersonnenwende, werden die Tage wieder
länger. Sie sind aber noch kürzer als die Nächte. Die Sonne steht mittags Tag
für Tag etwas höher, sie wärmt noch wenig. Land und Ozeane bleiben kühl.

Ich finde heraus,
wann die Sonne am
höchsten steht.

8.00

Schau nach der Sonne:

Im Süden nimmt sie ihren Lauf.

Im Osten geht die Sonne auf.

Im Westen wird sie untergehn.

Im Norden ist sie nie zu sehn.

Himmelsrichtungen: Norden (N), Süden (S), Westen (W), Osten (O).

Grafische Bilder vergleichen

- Betrachtet alle Bilder der Tagbögen.
- Vergleicht die Tagbögen. Findet Gemeinsamkeiten und Unterschiede.
- Sucht Informationen: Wie lange scheint die Sonne? Wann steht sie am höchsten? …

Der Frühling beginnt am 21. März, Tag und Nacht sind wieder gleich lang. Nun werden die Nächte wieder kürzer, die Tage länger. Die Sonne steht mittags jeden Tag höher, ihre Strahlen treffen steiler auf die Erde. Langsam erwärmen sich Boden und Ozeane.

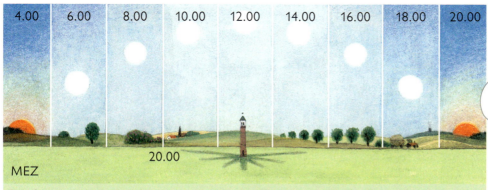

Und warum steht die Sonne im Sommer höher?

Der Sommer fängt am 21. Juni an. An diesem Tag scheint die Sonne am längsten, die Nacht ist am kürzesten. Nach diesem Tag, der Sommersonnenwende, werden die Tage wieder kürzer und die Nächte länger. Da die Sonne täglich etwas weniger hoch steht, bringt sie noch viel Wärme. Land und Ozeane kühlen nur langsam ab.

Tagbogen der Sonne und Länge von Tag und Nacht in den Jahreszeiten; Sommer- und Wintersonnenwende

Im Herbst wird es kälter ...

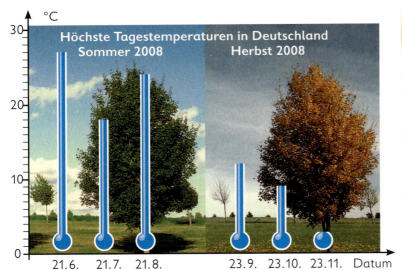

- Betrachte die Bilder.
- Lies die Texte.
  Was zeigen die Pfeile?
- Werte jede Säule aus:
  Nenne Datum, Monat,
  Jahreszeit und Temperatur.
- Vergleiche Sommer 2008
  und Herbst 2008.

Luft kann sich erwärmen und abkühlen. Deshalb steigt oder sinkt die Lufttemperatur. In Deutschland werden Lufttemperaturen täglich in fast 2 600 Wetterstationen gemessen. Alle Werte werden in Tabellen geschrieben und in Diagrammen dargestellt. Nun kann man genau vergleichen: Welche Temperatur wurde zu welcher Zeit und an welchem Ort gemessen?

1 Was stellt das Säulendiagramm oben dar?

2 Das Diagramm zeigt: Die Lufttemperaturen sinken im Herbst weiter ab.
Versuche zu begründen. Lies noch einmal auf Seite 16 nach.

Der Schwede Anders Celsius konstruierte 1742 ein Thermometer mit einer Gradeinteilung (Skala). Die Skala wurde später nach ihm benannt. Heute bezeichnet man:
- den Punkt, wo Wasser zu Eis wird, als 0 Grad,
- den Punkt, wo Wasser siedet, als 100 Grad.

 Temperaturen im Herbst vergleichen

- Messt dazu Temperaturen stets zur gleichen Zeit oder entnehmt sie dem Wetterbericht aus einer Zeitung, aus dem Fernsehen, dem Rundfunk oder ...

  Füllt eine solche Tabelle aus:
  Gebt die Temperaturen in Grad Celsius (°C) an.

Datum	Temperatur
15.9.	18 °C
23.9.	14 °C
23.10.	13 °C
23.11.	9 °C

Die Flüssigkeit im Glas-röhrchen steigt/sinkt je nach Temperatur.

°C · Skala
20 °C
Nullpunkt
–20 °C

... und windiger

Im Herbst lässt oft ein kräftiger Wind Blätter tanzen und Bäume rauschen. Er jagt Wolken oder peitscht den Regen. Mal spüren wir Wind als laues Lüftchen, mal hören wir ihn als heulenden Sturm. Manchmal ist es windstill. Wind ist eine Luftbewegung in eine bestimmte Richtung.

Warum bewegt sich Luft? Wenn zum Beispiel die Sonne in einem Gebiet die Luft erwärmt, steigt dort die warme Luft auf. Ist es dann in Gebieten daneben bewölkt und die Luft dort kühl, sinkt sie zu Boden. Die kühlen Luftmassen strömen dann am Boden dorthin, wo warme Luft aufgestiegen ist.

Die Windrose gibt Windrichtungen an: Nord (N), Ost (O), Süd (S), West (W).

Windrichtungen: Woher weht der Wind und wohin weht er?

von West nach Ost	von Ost nach West	von Süd nach Nord	von Nord nach Süd

Der englische Seefahrer Francis Beaufort legte 1806 eine Windskala mit 12 Windstärken an.

Bezeichnung	Windgeschwindigkeit	Auswirkung im Inland	Auswirkung auf See
Windstärke 5 frische Brise	29–38 Kilometer pro Stunde	kleine Bäume schwanken	mäßig lange Wellen mit Schaumkämmen

Solche Symbole für Windstärken und Windrichtungen verwenden wir heute.

0 windstill Rauch steigt steil empor, Blätter bewegen sich nicht.	3 schwacher Wind Blätter und dünne Zweige bewegen sich leicht.	4 mäßiger Wind Blätter und Äste bewegen sich, Staub wirbelt auf.	6 starker Wind Bäume bewegen sich, Blätter, Dinge wirbeln hoch.	9 Sturm Äste brechen, Ziegel fallen von den Dächern.

Wer in Wolken „lesen" kann, weiß, wann Regen kommt

Wolken sind Gebilde aus winzigen Wassertröpfchen oder aus Eis. Der Herbst bringt viele Wolken von den Ozeanen zu uns. Täglich sind andere Wolken zu sehen. Ihre Formen und Farben verwandeln sich ständig – mal sind es graue Berge, mal weiße Schleier. Wolken sind Wetterboten.

Federwolken aus Eis stehen hoch am Himmel. Sie sehen wie Schleier oder Flecken aus. Oft kündigen sie schlechtes Wetter an. Sind sie zerfasert, dann herrscht heftiger Wind.

Schichtwolken aus Eis und Wassertröpfchen stehen mittelhoch am Himmel. Sie bringen viel Niederschlag. Scheint die Sonne durch sie hindurch, sieht diese aus wie eine Scheibe.

Weiße Haufenwolken zeigen: Schon früh schien die Sonne. Erwärmte Luft stieg auf und kühlte dabei ab. Bei hoher Luftfeuchtigkeit bildeten sich Tröpfchen – Schönwetterwolken.

Regenwolken breiten sich als mächtige dunkle Wolken aus. Sie bringen Niederschläge. Eine drohende schwarze Wolkenwand warnt: Es kann heftige Windböen geben, und es kann hageln.

Symbole für die Bewölkung

◯ wolkenlos	◐ heiter	◑ wolkig	◕ stark bewölkt	● bedeckt
Der Himmel ist blau oder sternenklar.	*Nur wenige Wolken sind zu sehen.*	*Wolken und klarer Himmel sind etwa gleich verteilt.*	*Wolken bedecken fast den gesamten Himmel.*	*Wolken bedecken den Himmel vollständig.*

AH S.6

In den Wolken fliegen winzige Wassertröpfchen ständig hin und her. Sie stoßen zusammen und bilden mit anderen Tröpfchen oder Eis schwerere Tropfen oder Eiskristalle. Dann fallen sie nach unten. Werden sie dabei noch schwerer, fallen sie aus der Wolke. Wenn dann die Lufttemperatur unter der Wolke über 0 °C liegt, fällt Regen auf die Erde. Liegt die Temperatur unter der Wolke unter 0 °C, dann fällt Schnee. Schneeflocken bestehen aus Eiskristallen.

Regen

Eine Gewitterwolke quillt schnell zu einem riesigen Turm auf. In ihr jagen orkanartig Winde auf und ab. Sie tragen Wassertröpfchen mit sich. Diese vereisen hoch in der Wolke und fallen als Eiskörnchen wieder herab. Immer mehr Tröpfchen kleben an, die Eiskörner werden größer und schwerer. Von Blitz und Donner begleitet, stürzt dann in großen Tropfen heftiger Regen herab, oft auch Hagel. Hagelkörner aus Eis können so groß werden wie Murmeln, Taubeneier oder sogar Tennisbälle.

Hagelkörner   Eiskristall

Wenn im Herbst tagsüber die Luft trocken ist und nachts stark abkühlt, dann sind Pflanzen und Autos morgens oft mit Wassertröpfchen bedeckt. Das ist Tau. Fällt die Temperatur nachts aber unter 0 °C, kann alles mit kleinen Eiskristallen überzogen sein. Das ist Reif. Gibt es morgens Tau oder Reif, ist die Luft trocken. Meist folgt dann ein sonniger Tag.

Tau

Nebel ist eine Wolke, die am Boden liegt. Unzählige feine Wassertröpfchen bilden dort einen dichten Schleier.

Regen, Schnee, Tau, Reif und Hagel sind Niederschläge.
Gewitter und Nebel sind Wettererscheinungen.

Reif

Symbole für Niederschläge und					Wettererscheinungen	
⊘	✳	⌒	⌴	▲	═	⌐
Regen	Schnee	Tau	Reif	Hagel	Nebel	Gewitter

Das Wetter beobachten und vorhersagen

Früher schrieben vor allem Bauern und Seeleute
Wetterbeobachtungen auf. Beobachtungen, die über
Jahre ähnlich waren, dienten als Wettervorhersagen.
Sie sind als Wetter- oder Bauernregeln bekannt.
Oft trafen sie zu, oft aber auch nicht.
Heute kann das Wetter mit einiger Sicherheit
für etwa drei Tage vorausgesagt werden.
Für Wetterbeobachtungen könnt ihr Hilfsmittel nutzen:

Bauern-kalender

Nichts kann vor Raupen
mehr schützen
als Oktobereis in Pfützen.

Oktober rau,
Januar lau.

Im November Morgenrot
mit langem Regen droht.

Novemberschnee
tut der Saat nicht weh.

So könnt ihr damit Wetterbeobachtungen durchführen:

Das Wetter beobachten

- Beobachtet und
  messt im Freien
  täglich zur gleichen Zeit:
  Temperatur im Schatten
  (in etwa 1 m Höhe),
  Bewölkung, Wind,
  Niederschlag,
  Sonnenaufgang,
  Sonnenuntergang.
- Seht morgens nach,
  ob Tau oder Reif liegt.
- Schreibt die Ergebnisse
  in eine Tabelle.

Wettertabelle im Herbst					
Datum	10.10.	11.10.	12.10.	13.10.	14.10.
Uhrzeit	12.00	12.00	12.00	12.00	12.00
Temperatur in °C	11	13	12	5	4
Bewölkung	●	◑	◔	○	○
Niederschlag	⊘			⌒	⌒
Windstärke Windrichtung	⊶	⌽	⌽	○	○
Sonnenaufgang 🕐	7.36	7.38	7.40	7.42	7.44
Sonnenuntergang 🕐	18.41	18.39	18.37	18.35	18.33

Eine Wettertabelle führen

- Richte die Tabelle für 5 Tage ein. Beschrifte den Tabellenkopf: Überschrift, Datum, Uhrzeit. Fülle die erste Spalte aus.
- Lege eine Übersicht mit Wettersymbolen bereit.
- Trage deine Beobachtungen täglich ein.

1 Führe eine solche Tabelle in jeder Jahreszeit.
Beschreibe das Wetter.
Vergleiche deine Beobachtungen
mit Wetterberichten für eure Region.

Das Wetter auf der Erde wird vor allem von der Sonne, der Luft und dem Wasser beeinflusst. Wissenschaftler aus aller Welt, die das Wetter beobachten und auswerten (Meteorologen), tragen dazu Informationen zusammen. Sie nutzen dafür moderne Technik.

Deine Wettervorhersage?

Sehe Schäfchenwolken. Könnte regnen.

Satelliten senden vom Weltraum Bilder, die Wolkenbewegungen über allen Erdteilen zeigen.

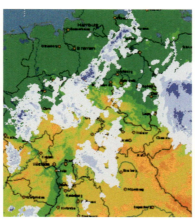

Radarbilder zeigen die Menge von Niederschlägen in einem bestimmten Gebiet.

In vielen Wetterstationen wird weltweit gleichzeitig das aktuelle Wetter beobachtet und gemessen.

Aus allen Informationen ermitteln Computer, wie sich das Wetter entwickeln kann. Du kannst den <u>Wetterbericht</u> für deinen Ort in Zeitungen, im Fernsehen, im Internet … nachlesen.

Wetterberichte auswerten

Wie wird das Wetter? Diese Frage stellen sich nicht
nur viele Menschen, die in ihrem Beruf mit dem Wetter
zu tun haben, sondern alle, die draußen unterwegs
sind. Wer im Winter zu Fuß geht, mit dem Rad oder
dem Auto fährt, will zum Beispiel wissen, ob es
draußen glatt ist. Landwirte fragen sich im Sommer,
ob es trocken bleibt, denn bei der Ernte darf
das Getreide nicht nass sein. Wer eine Veranstaltung
im Freien besucht, will sich wettergerecht kleiden.

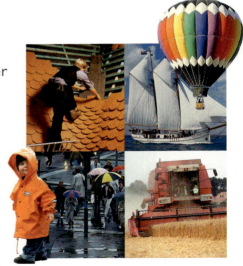

1 Schreibe in eine Tabelle:
Wer braucht Wettervorhersagen? | Begründung

Wettervorhersagen gibt es mehrmals täglich in verschiedenen Medien.

In der Zeitung

Die Wetterzeichen bedeuten:

zeitweise sonnig,
dichtere Wolken

Regenschauer,
zeitweise sonnig

stark bewölkt

trocken, einzelne Tropfen

Im Fernsehen

Wetter *Mittwoch*

Im Radio

Der Wetterdienst
gibt eine Sturm-
warnung heraus.

Im Internet

Suchwörter:
Wetter,
Wettersymbol,
Wetter heute,
Wetterbericht

Miteinander leben

Wie leben Familien hier und anderswo?
Welche Feste feiern Kinder in anderen Ländern?
Was sind Statussymbole?

Wie Familien leben

Vivian   Mutti ist Verkäuferin und Vati arbeitet bei einer Transportfirma. Er ist viel unterwegs. Leider habe ich keine Geschwister, aber ich wünsche mir so sehr einen kleinen Bruder.

In meiner Freizeit spiele ich Fußball im Verein. Ich sehe auch gern fern, am liebsten Fußball mit Papa. Und ich koche gern. Mit Mutti gehe ich öfter einkaufen. Wir beraten dann, was wir am Wochenende kochen. Am liebsten esse ich Eintopf mit Fleisch, Kartoffeln und Gemüse. Das kann ich schon zubereiten.

Kingsley   Mein Papa ist in den USA geboren. Er hat in Deutschland eine gute Arbeit in einer Computerfirma. Als er so alt war wie ich, war er mit seinen Pfadfindern oft zelten. Da hat er kochen gelernt. Seine Spagetti mit Meatballs und einer süß-scharfen Preiselbeer-Chili-Soße schmecken wirklich toll. Das Rezept hat er von meiner Oma. Ich nehme es auch mit in die Klasse – dort stellen wir Rezepte aus aller Welt vor. Mein großer Bruder ist jetzt für ein Jahr bei unserer Oma in Amerika, er geht dort zur Schule. In der Freizeit arbeitet er in einem Hospital.

1   Lies, was Vivian oder Kingsley oder Laura (Seite 27) über den Alltag in ihrer Familie berichten. Schreibe auf, wie du dir einen Tag in einer dieser Familien vorstellst.

2   Lest zuerst alle Berichte über Vivians Tag vor und vergleicht sie. Lest dann die Berichte über Kingsleys Tag vor und vergleicht.

3   Lest zuletzt alle Berichte über Lauras Tag vor. Vergleicht wieder eure Berichte.

In der Familie: geborgen sein • Vertrauen haben • Verantwortung übernehmen

Laura Meine Eltern sind geschieden. Ich habe zwei Schwestern, eine große und eine kleine. Wir verstehen uns gut. Wir helfen unserer Mutti auch im Haushalt, denn sie arbeitet im Krankenhaus im Schichtdienst. In den Ferien fahren wir zu unserem Vater nach Kroatien. Er ist jetzt mit Mila, einer Kroatin, verheiratet. Sie wohnen in Zagreb und haben dort ein kleines Imbiss-Restaurant. Mila kocht dort für uns ein kroatisches Sarma, das sind Krautrouladen mit Reis und Fleisch. Das essen wir besonders gern und die Gäste auch.

Jeder Mensch wächst in einer besonderen Kultur auf und lebt in seiner Familie auf besondere Weise. Vivians Eltern sind in Deutschland geboren, Kingsleys Vater stammt aus den USA und Lauras Vater aus Kroatien. In Ländern oder in Gruppen leben die Menschen nach eigenen Bräuchen. Sie sprechen unterschiedliche Sprachen, feiern ihre besonderen Feste, spielen ihre Musik mit eigenen Musikinstrumenten und kochen Speisen nach Rezepten, die sie von den Eltern kennen.

Ich habe französischen Charme, trage amerikanische Hosen und belle in allen Sprachen.

4 Was können Vivian, Kingsley und Laura von ihren Eltern erfahren und lernen?

5 Befragt euch gegenseitig:

Was kann ich von dir erfahren oder kennen lernen?
- Einen schönen Brauch, den du kennst.
- Interessante Wörter aus einer Sprache, die du sprichst.
- Eine leckere Speise, die du magst.
- Ein tolles Fest, das du feierst.
- …

Verständnis haben • Liebe erfahren und geben • Konflikte bewältigen

Alle leben anders und miteinander

Wie leben Kinder, die nicht
sehen oder hören können?

Niklas berichtet:

> Wenn ich sehen könnte,
> wäre mein Leben schöner.
> Ich könnte Fußball spielen oder Rad
> fahren. Ich lese aber gern und lerne
> Flöte spielen. Und am Computer finde
> ich mich ziemlich gut zurecht.

1 Betrachte das Bild. Erzähle, was du
über diesen Jungen erfährst.

2 Lies, was Niklas und Lea meinen.
Sprecht darüber. Informiert euch weiter.

Lea schreibt:

*Ich würde gern einmal
Mamas Stimme hören
oder nach Musik tanzen.
Ich erlerne die Gebärden-
sprache, aber die kann
nicht jeder. Mit einer
Mundbildschrift lerne ich
schreiben, das ist auch
nicht leicht.*

Ein Jugendlicher erfindet die Blindenschrift
Louis Braille wurde 1809 bei Paris geboren.
Mit 3 Jahren erlitt er einen Unfall und erblindete
mit 5 Jahren. Die Eltern lasen ihm viel vor, doch
er war wissbegierig und wollte gern selbst Bücher lesen.
Seit dem 11. Lebensjahr probierte er, eine Schrift
für Blinde zu erfinden. Mit 16 Jahren fand er die Lösung,
eine Punktschrift. Er hatte sich ein Schriftmuster mit
6 Punkten ausgedacht. Auf jedem Muster machte er
einige Punkte für die Finger fühlbar. Er kombinierte
die fühlbaren Punkte immer anders, sodass sich alle
Buchstaben des Alphabets abbilden ließen.
Brailles Punktschrift wird bis heute verwendet. Sogar
an Computern kann man in Punktschrift schreiben.

Louis Braille

3 Versuche diesen Satz zu „lesen".

A   C   E   H   I   K   L   N   S

Magdalena Meisen

Wetterlage

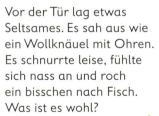

Auch
Kleinkinder ...

4   Was erfährst du aus diesen Bildern? Erzähle.

Menschen, die gehörlos sind, können sich mit einer besonderen
Zeichensprache verständigen. Man nennt sie <u>Gebärdensprache</u>.
Sie besteht aus kombinierten Zeichen der Hände, der Mimik, des Mundes
und des Körpers. Es ist nicht leicht, die Gebärdensprache zu erlernen,
deshalb besuchen gehörlose Kinder meist auch besondere Schulen.

5   Versuche eine dieser kleinen Geschichten mit Gebärden zu erzählen.
        Was stellt ihr als Vortragende und als Zuschauer fest?

Heute scheint die Sonne
heiß. Lea und ihre Freundin
kaufen sich ein großes Eis.
Es schmeckt nach
Himbeeren und
Schokolade.

Vor der Tür lag etwas
Seltsames. Es sah aus wie
ein Wollknäuel mit Ohren.
Es schnurrte leise, fühlte
sich nass an und roch
ein bisschen nach Fisch.
Was ist es wohl?

Luis und Ben sehen
auf dem Schulweg einen
kleinen Hund. Sie wollen
ihn in die Schule locken.
Doch der Hund hört
einfach nicht auf sie.

     Denkt euch kleine Geschichten aus. Wenn ihr bestimmte Zeichen
        verabredet, könnt ihr auch eine Geheimsprache sprechen.

So leben Kinder anderswo

Materialpaket: Wir informieren uns über ein Land

Fahne		Wie sieht die Fahne aus?
Landkarte		Wo liegt das Land?
Bilder von der Land-schaft		Wie sieht die Landschaft aus? Welche Tiere leben dort?
Bilder von Menschen und Tieren		Wie leben und arbeiten die Menschen? Was essen sie?
Bücher über das Land, Internet-adressen	Welche Sprache wird gesprochen? Wie sind die Menschen gekleidet? Welche Feste feiern sie? Welchen Schmuck tragen sie? Mit welchen Instrumenten machen sie Musik?	

Ein Materialpaket zusammenstellen

- Findet ein Thema.
- Sammelt Material.
- Gebt Einzelnen, Partnern oder Gruppen Aufträge.
- Legt für die Abgabe einen Termin fest.
- Sortiert gesammeltes Material in Kisten.
- Legt Listen an: Wer hat was mitgebracht?
- Wählt Material aus.
- Gebt geliehene Dinge danach zurück.

⭐ Findet selbst noch Fragen und sucht nach Antworten.

1 Gestaltet mit dem Material Vorträge oder eine Ausstellung oder eine Wandzeitung.

Diese Kinder leben in Eritrea in Nordost-afrika. Bruder und Schwester sammeln Feuerholz. Oft müssen sie beim Suchen lange und beschwerliche Wege gehen. Viele Kinder in Eritrea lernen nicht lesen und nicht schreiben. Sie können keine Schule besuchen, weil sie ihre Familien unterstützen müssen. Sie hüten Vieh, betreuen jüngere Geschwister, holen Wasser, suchen Tierfutter und Brennstoffe oder bereiten das Essen zu.
Die meisten Familien bauen Nahrungs-mittel selbst an. Auch bei der Feldarbeit helfen die Kinder. Ihre Arbeitskraft ist oft der einzige Reichtum der Familien.

Damit die Kinder zur Schule gehen können, werden im Land nach und nach Schulen gebaut. In diese Schule kommen Kinder aus den nahen Dörfern.
Sie besuchen die erste bis fünfte Klasse. Hier wurde ein Brunnen gebaut.
Das ist sehr wichtig, damit die Kinder sauberes Trinkwasser haben und gesund bleiben. Noch gibt es nicht an jeder Schule Trinkwasser.
In Eritrea ist es oft sehr heiß, lange Zeit regnet es kaum. Dann wieder regnet es eine Zeit sehr lange und heftig.

2 Sammelt weitere Informationen über Kinderarbeit in einigen Ländern. Versucht Ursachen zu ergründen.

3 Sprecht darüber, warum noch viele Kinder in der Welt hungern.

Feste aus aller Welt

Überall auf der Welt feiern
die Menschen Feste.
Sie kommen zusammen, um
miteinander zu reden, zu musizieren,
zu essen und zu trinken.
Sie wollen sich gemeinsam freuen,
tanzen und ausgelassen sein.

1 Sprecht darüber, was ihr
auf Feiern macht.

2 Gestalte ein Kärtchen zu
einem Fest, das du kennst.
Hier findest du
Musterkärtchen.

Ostern in Deutschland
Zeit: erster Sonntag nach
dem ersten Frühjahrsvollmond

Die Christen gedenken am Ostersonntag
der Auferstehung Jesu Christi von
den Toten. Sie feiern Ostern in
der Kirchengemeinde und in der Familie.
Die Fastenzeit ist beendet.
Mit dem Osterfest sind viele Bräuche
verbunden: ...

Raksha Bandhan in Nordindien
Zeit: August

Raksha Bandhan ist das Fest der Liebe
zwischen Schwester und Bruder.
Raksha bedeutet Schutz und Bandhan
Bindung.
In einer feierlichen Zeremonie schenkt
die Schwester dem Bruder ein selbst
geflochtenes Armband.

Der Bruder bedankt sich mit einer
Gabe, manchmal schenkt er der
Schwester einige indische Rupien, bei uns
wären das ein paar Cent. Bruder und
Schwester wünschen einander, gesund
zu bleiben und füreinander da zu sein,
auch wenn sie größer werden.

Wir flechten einen Rakhi für unsere Geschwister oder
wir schenken das Band einer Freundin oder einem Freund.

S. 4, S. 5

Halloween in den USA
Zeit: letzte Nacht im Oktober

Dieses Fest ist sehr alt. Früher
fürchteten die Menschen, dass
böse Geister in dieser Nacht
Unheil anrichten. Um sie fern-
zuhalten, stellten sie brennende
Kerzen in ausgehöhlte Kürbisse.

Heute verkleiden sich die Kinder als Geister.
Sie erschrecken die Nachbarn mit dem Ruf
„Trick or treat" – „Spende oder Streiche".
Sie bekommen dann Süßigkeiten.

Wir schmücken uns als Geister und feiern Halloween.

Neujahrsfest in China
Zeit: Es beginnt am ersten Tag des chinesischen Kalenders,
meist im Februar, und dauert 15 Tage.

Das chinesische Neujahr ist eines der buntesten Feste
der Welt. Zunächst reinigen die Familien ihre Häuser,
um das Unglück des letzten Jahres zu vertreiben.
Sie schmücken die Räume mit Pfirsichblüten,
das soll Glück bringen.
Feuerwerkskörper an der Tür vertreiben böse Geister.
Die Familien besuchen Verwandte und Freunde.
Als Glücksbringer schenken sie einander leuchtend
orangefarbene Mandarinen mit Blättern.
Die Kinder bekommen rote Päckchen mit Glücksgeld.

Wir informieren uns über die Symbole
des chinesischen Neujahrsfestes.

Brauchen Kinder Geld?

Nein, meine Eltern kaufen mir alles.

Ja, ich kriege Geld für gute Zensuren.

Ich bekomme manchmal von Oma Geld. Davon kaufe ich mir Kaugummi.

Ich bin für eigenes Geld, da lernt man sparen.

Ich helfe unserer Nachbarin. Die gibt mir oft etwas Kleingeld.

Ich kriege regelmäßig Taschengeld. Wenn ich etwas kaufe, weiß ich, was teuer und was billig ist.

Nein, ich würde immer gleich alles für Unsinn ausgeben.

1 Was meint ihr zu den Aussagen der Kinder?

Wie kannst du dein Geld gut einteilen, es sparen oder sinnvoll ausgeben? Wenn du Taschengeld hast, dann solltest du gut überlegen, was du mit dem Geld machst: Es sofort für schöne Dinge ausgeben, die du gerade siehst? Oder für einen größeren Wunsch sparen? Manchmal möchtest du etwas haben, aber das Geld ist ausgegeben, oder es reicht nicht. Ein kleines Haushaltsheft kann dir helfen, den Überblick zu behalten. Du schreibst Einnahmen und Ausgaben auf und auch deine Wünsche. Dann kannst du überblicken, ob du sparen musst, um eine größere Sache anzuschaffen.

2 Stelle in einer Liste Dinge zusammen, die du wirklich brauchst.

3 Stelle in einer zweiten Liste Dinge zusammen, die du besitzt und eigentlich nicht brauchst.

4 Schau dir die Listen in einem halben Jahr noch einmal an. Was denkst du jetzt über deine Aufzeichnungen?

 Es gibt auch Wünsche, die man mit Geld nicht erfüllen kann. Welche Wünsche fallen dir dazu ein?

S.12, S.13

Verlockend für Mädchen und Jungen

<u>Werbung</u> verlockt auch Kinder zum Kaufen,
Mädchen und Jungen unterschiedlich.

Werbefachleute untersuchen zum Beispiel ganz genau:
- Was wünschen sich Mädchen?
- Mit wem spielen Mädchen und wie spielen sie?
- Was wünschen sich Jungen?
- Mit wem spielen Jungen und wie spielen sie?
- Wie kann man bei Mädchen und Jungen
  Wünsche wecken?

Das haben sie herausgefunden:
Mädchen spielen oft mit zwei, drei Freundinnen zusammen.
Sie sprechen gern mit ihren Freundinnen und mit ihrem
Spielzeug. Sie schmücken sich gern.
Jungen nehmen gern etwas auseinander und bauen.
Viele Kinder sammeln gern – Figuren, Autos, Sticker …

Die Hersteller haben daraufhin diese Sachen entwickelt:

Für Mädchen   Für Jungen   Für Mädchen und Jungen

1 Findet Beispiele, wie Mädchen und Jungen
zum Kaufen verlockt werden.
Was soll verkauft werden?

Statussymbole

1 Betrachtet das Bild und diskutiert darüber:
- Was wollen Gero, Leona und Eddy den anderen Kindern zeigen?
- Vermutet, was die anderen Kinder denken und fühlen.

Gero, Leona und Eddy zeigen sich mit ihren Statussymbolen.
Ein Statussymbol soll zeigen: Ich habe und bin etwas Besonderes.
Statussymbole gibt es auch bei Erwachsenen.
Mit einem Statussymbol wollen sich Menschen von anderen
abgrenzen, sich also unterscheiden und abheben.

2 Denke darüber nach und besprecht gemeinsam:
- Besitze ich Statussymbole?
- Gewinne ich durch Statussymbole
  mehr Freundinnen oder Freunde?

Das Auto: Statussymbol oder Notwendigkeit?

Ich fahre mein altes Auto, bis es nicht mehr durch den TÜV kommt.

Herr Meyer

Frau Lech

Mein Mann fährt einen großen Mercedes. Das muss bei seinem Beruf als Rechtsanwalt sein.

Ein Auto wäre toll. Aber wir können uns keins leisten.

Ich brauche ein kleines Auto, um vom Dorf zur Arbeit in die Nachbarstadt zu kommen.

Herr Wieland

Ich bin Handelsvertreterin für Sportartikel und muss Verkaufsprodukte zeigen. Deshalb brauche ich ein Auto mit einer großen Ladefläche.

Frau Rona

Frau Staven

Wir brauchen kein Auto. Alle in der Familie fahren mit dem Stadtbus zur Arbeit und zur Schule.

Herr Abraham

Unsere Nachbarn haben sich ein neues Auto gekauft. So eins würden wir auch gern haben.

Eine Aussage stützen oder verwerfen

- Lies die Aussage.
- Bilde dir eine eigene Meinung zu dieser Aussage.
- Bringe deine Meinung vor und begründe sie. Nutze zum Begründen die Wörter:
  Ich finde …, weil …/denn …
  Einerseits … andererseits …
  Ich meine …, deshalb …

Natürlich haben wir ein Auto, wie sollen wir sonst mit unseren vier Kindern in den Urlaub fahren?

Herr Olwig

Frau Eckart

1 Der Besitz eines Autos wird von den einzelnen Personen ganz unterschiedlich bewertet. Welche Aussagen erscheinen überzeugend und sinnvoll?

2 Ist das Auto ein Statussymbol? Welche Meinungen gibt es dazu in eurer Klasse?

Einen Aktionstag planen

Wahl des Themas:

Alle Klassen der Schule wollen eine Aktion
zu einem gemeinsamen Thema durchführen.
- Die Kinder schlagen Themen vor.
- In jeder Klasse wird über die Themen
  abgestimmt.
- Das Thema, das die meisten Klassen
  gewählt haben, ist Thema des Aktionstages.

Tipps für die weitere Planung:
- Ideen zum Thema sammeln
- Ort der Aktion bestimmen
- Aufgaben verteilen
- Material sammeln
- Hilfe besorgen
- Zeitplan aufstellen

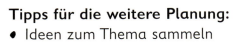

Tipps für die Aktion:
- Betreuer an den Stationen
  bestimmen
- Material übersichtlich bereitlegen
- Stationsbesucher beraten
- nach der Aktion Ordnung schaffen

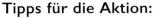

Tipps zur Auswertung:
- Welche Station war besonders beliebt?
- An welcher Station gab es Schwierigkeiten?
- War die Zeit gut geplant?

Vielleicht habt ihr Lust, auch einen Aktionstag
zu starten.

1 Welches Thema interessiert dich?
Schreibe deine Vorschläge für
einen Aktionstag auf einen Zettel.

2 Einigt euch in der Klasse auf ein Thema.

3 Erstellt einen Plan für eure Aktion.

Zeitplan:	
8.00 Uhr bis 9.00 Uhr	Einweisung und Vorbereitung in den Klassen
9.00 Uhr bis 10.30 Uhr	Arbeit an den Stationen
10.30 Uhr	Pausenspiele

Im Winter

Wie verändern sich Pflanzen, Tiere und das Wetter im Winter?
Wie stelle ich mich auf den Winter ein?
Wie entstehen Eiszapfen?

Wie Pflanzen überwintern

Die Kastanie wirft im Herbst ihre Blätter ab.
Jetzt ist ihre Wuchsform deutlich zu erkennen.
Bereits im Sommer, als der Baum reichlich
Nährstoffe zum Wachsen hatte, legte er
seine Knospen an. Es sind große, klebrige
Knospen, aus denen im Frühjahr neue
Blätter und Blüten sprießen werden.
Nun aber ist der Baum in der Winterruhe.
Alle Lebensvorgänge laufen langsam ab.
Kastanien sind mehrjährige Pflanzen.

Kastanienknospe   Längsschnitt durch
eine Kastanienknospe

Andere Pflanzen überdauern den Winter durch ihre unterirdischen Speicherorgane.

Schneeglöckchen   Veilchen   Roggen   Keimling aus einem
Roggensamen

Das Schneeglöckchen hat eine Zwiebel
und das Veilchen einen Wurzelstock.
Darin haben die Pflanzen im Vorjahr
Nährstoffe gesammelt und gespeichert.
Schneeglöckchen sind mehrjährige
Pflanzen. Veilchen können einjährig
oder mehrjährig sein.

Roggen überdauert den Winter
als Samen. Die Samenkörner reifen
im Sommer in den Ähren.
Sie enthalten viele Nährstoffe und
auch den Keimling. Aus ihm entwickelt
sich im nächsten Jahr eine neue Pflanze.
Roggen ist eine einjährige Pflanze.

1 Schreibe Wörter aus dem Text auf,
die du nicht verstehst.
Schaue im Lexikon oder im Internet
nach, was sie bedeuten.

Und was ist
mit den Weihnachts-
bäumen?

Wie Tiere überwintern

Igel halten Winterschlaf.
Im Winter finden sie kaum Futter.
Sie fressen sich im Sommer
ein Fettpolster an und schlafen
5 bis 6 Monate.

Eichhörnchen halten Winterruhe.
Sie schlafen oder ruhen mehrere
Tage in ihrem Nest und suchen
dann aber draußen wieder nach
Nahrung.

Frösche kriechen bei Kälte unter
Baumwurzeln, in Erdlöcher oder
in den Schlamm der Gewässer.
Hier verharren sie regungslos
in Winterstarre.

1 Informiere dich im Internet über weitere Tiere, die Winterschlaf
oder Winterruhe halten oder in Winterstarre fallen.

2 Wie überwintern Störche und Schwalben?

Viele Tiere sind auch im Winter auf
Nahrungssuche unterwegs. Im Schnee
sehen wir Fußspuren von Meisen,
Krähen, Tauben und Sperlingen.
Im Wald und im freien Feld findest du Spuren
und Fährten von Reh, Wildschwein, Feldhase,
Fuchs, Maus und Eichhörnchen.
Erkennst du sie?

Zum Winter wird das Fell des Feldhasen
dichter und dicker. Sein Winterkleid ist
graubraun bis weißlich.
Als Einzelgänger ist er allein unterwegs.
Besonders in der Dämmerung sucht er Futter,
zum Beispiel Knospen, Triebe und auch
Baumrinde.
Schon im Januar paaren sich die Hasen.
Sechs Wochen später bringt die Häsin in
einer Erdmulde auf dem Feld etwa fünf Junge
zur Welt. Sie haben schon Fell und Zähne
und können sehen.

Sich vor Kälte schützen

 Temperaturen mit der Haut messen

Ihr braucht:
- 3 Schüsseln
- Wasser verschiedener Temperaturen
- Thermometer

Geht so vor:
- Füllt je eine Schüssel mit kaltem, lauwarmem und warmem Wasser.
- Taucht eine Hand in warmes und dann in lauwarmes Wasser.
- Taucht die andere Hand in kaltes und dann in lauwarmes Wasser.
- Beschreibt eure Empfindungen.

Wie die Haut die Temperatur „misst", könnt ihr auch in anderen Situationen erfahren: In einem ungeheizten Hausflur treffen zwei Kinder zusammen. Das eine Kind kommt von draußen, das andere aus einer geheizten Wohnung.

1 Vermutet: Wie werden die Kinder die Temperatur im Hausflur empfinden? Probiert es selbst einmal aus.

Ob dir warm ist oder kalt, hängt auch davon ab, was du machst. Wer an einem kühlen Wintertag lange an der Haltestelle warten muss, wird bald frieren. Wer den Weg zum Bus gerannt ist, dem ist warm. Wie kalt es draußen wirklich ist, kann dein Körper nicht genau empfinden. Deshalb kannst du dich leicht unterkühlen, bevor du es merkst. Du musst dich vor Kälte schützen.

Was meint eigentlich der Wetterbericht mit „gefühlter Temperatur"?

2 Nenne Beispiele, wie Tiere im Winter vor Kälte geschützt sind.

Vielen Säugetieren wächst ein dichteres Fett. Manche fressen sich eine dicke Fettschicht an.

Vögel bekommen ein dichteres Federkleid. Wenn es kalt ist, plustern sie ihr Gefieder auf.

So kannst du dich vor Kälte schützen:

Kleidung kann dich vor Kälte schützen. Zwischen der Kleidung und deinem Körper ist eine Luftschicht.
Dein Körper erwärmt die Luft. Deine Kleidung bewirkt, dass die warme Luft drinnen bleibt und die kalte Luft draußen.

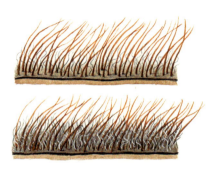

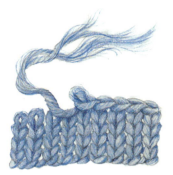

Die „Kleidung" der Säugetiere ist ihr Fell. Winterfell hat mehr Wollhaare. Zwischen den Haaren bleibt die warme Luft am Körper.

Wollfäden sind meist aus Tierhaaren gesponnen. Sie schließen viel Luft ein und halten deshalb schön warm.

Wer mehrere Kleidungsstücke übereinanderzieht, wird durch die warmen Luftschichten zwischen den Teilen gewärmt.

Fettcreme schützt deine Haut, zum Beispiel im Gesicht. Wie die Fettschicht mancher Tiere, lässt das Fett auf deiner Haut die Frostluft nicht an dein Gesicht.

Bewegung wärmt dich: wenn du rennst, hüpfst, die Hände reibst ... Wenn du dich bewegst, arbeiten deine Muskeln. Dabei entsteht Wärme und dir wird warm.

Warum zittern wir und bekommen Gänsehaut:

Wenn du zitterst, versucht dein Körper selbst Wärme zu erzeugen. Er lässt Muskeln zittern. Dabei entsteht Wärme, aber nicht genug, um dich vor Unterkühlung zu schützen. Besser ist, du bewegst dich selbst, dann wird dir warm.
Und warum haben wir manchmal eine Gänsehaut?
In früherer Zeit hatten die Menschen viel mehr Körperhaare – fast wie ein Affenfell. Wenn es kalt war, richteten kleine Muskeln die Härchen auf. Wie ein Pullover hielten die Härchen damit die warme Luft zwischen dem Fell und dem Körper. Heute haben wir weniger Haare, aber die kleinen Muskeln sind noch da. Sie wollen ein Fell aufstellen, das wir nicht mehr haben.

⭐ Was erzählt dieses alte Bild vom Leben der Menschen im Winter?

Gefahren einschätzen lernen

1 Beschreibe die Situation auf jedem Bild.
Vermute, was passieren könnte.

2 Stellt Tipps zusammen: Wie wir uns bei Wintergefahren verhalten.

⭐ Suche aktuelle Nachrichten über Unfälle im Winter und berichte davon.

Bei Gefahren helfen

A

Wer spricht?

Was ist passiert?

Wo ist es passiert?

Maxi Meier.

Ein kleiner Junge ist …

Am Rodelberg am Albertplatz.

Notrufe:
112
110

B

C

D

1 Welche Bilder auf den Seiten 44 und 45 passen zusammen? Erzähle dazu.

2 Wie hilft die Feuerwehr? Informiert euch darüber in Sachbüchern, bei einem Besuch in einer Feuerwache, im Internet.

Ist dir kalt?

Rätselhaftes im Winter

Mein Winter-Forscher-Buch

Wenn es draußen stürmt und schneit, halt' ein Büchlein dir bereit.

4 Ich fotografiere und lese nach: Wie entstehen solche Eiszapfen?

Ergebnis 4:
Der Winter ist lang und kalt, tagsüber aber scheint die Sonne. Sonne und warme Wohnungen lassen den Schnee auf dem Dach schmelzen. Langsam rinnt Schmelzwasser die Dachkante herab. Tropfen treten über, einer, noch einer und so weiter.
Wo es kälter ist, wie unter der Dachkante, gefrieren Tropfen wieder, einer am anderen. Langsam wachsen kleine Eiszapfen und werden länger und breiter.

1 Ich entdecke und erkläre: An kalten Wintertagen kann ich meine Atemluft sehen. Warum?

2 Ich untersuche und vergleiche: Verändert sich ein Schneeball, den ich 3 Tage in ein Gefrierfach lege, oder nicht?

5 Ich experimentiere: Ich fülle Wasser in ein Plastik-Ei. Dann lege ich es 6–8 Stunden in ein Gefrierfach oder bei Kälte nach draußen.

3 Ich frage nach: Womit streut der Winterdienst, wenn die Straßen unseres Ortes glatt sind?

Das tut mir gut

Was sagt die Nahrungspyramide über gesundes Essen?
Warum sind Drogen gefährlich?
Wie kann ich im Notfall erste Hilfe leisten?

Gefühle wahrnehmen – ohne Worte sprechen

Los, greif ihn dir!

He, warum rennst du weg?

*Ich stelle mir vor,
ich bin der Junge, der ...*

Wenn du eine solche Situation erlebst, dann reagiert dein Körper.
Du fühlst vielleicht, wie du Angst bekommst. Oder du läufst schneller,
um von den Jungen wegzukommen. Du bist vielleicht wütend über die Worte,
obwohl du sie nur hörst und die Jungen gar nicht mehr siehst.
Die anderen sehen einen rennenden Jungen. Wenn sie die Worte
der schreienden Kinder nicht gehört haben, denken sie vielleicht,
der Junge laufe ins Freie, weil er endlich Pause hat.

Die Situation zeigt, dass Menschen sich mit Worten verständigen,
aber der Körper auch ohne Worte spricht.
Das „Sprechen" ohne Worte heißt Körpersprache.

1 Betrachte die beiden Fotos. Finde passende Bildunterschriften.

2 Beschreibe die Situationen. Woran erkennst du, wie sich die Kinder fühlen?

Deine Körperhaltung, die Bewegungen von Armen und Beinen, deine Stimme und dein Gesicht zeigen, was du fühlst: ob du dich freust oder ärgerst, traurig oder ängstlich bist, ob du wütend oder besorgt bist oder auch, ob du schwindelst.

3 Meist verstehen wir den Gesichtsausdruck anderer Menschen von unserem Gefühl her richtig. Was zeigt dieses Gesicht?

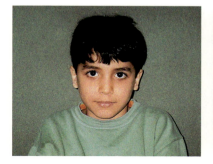  

4 Schaue in einen großen Spiegel. Stell dir nun vor:
Du freust dich, du bist ängstlich, du bist überrascht,
du ärgerst dich, du ekelst dich, du schämst dich.
Zeige diese Gefühle mit deiner Körpersprache.

 Ein Rollenspiel:

| Du sitzt mit gesenktem Kopf … | Du kratzt dich am Kopf … | Du ziehst die Mundwinkel nach oben … | Du kneifst die Lippen zusammen … |

- Versteht deine Partnerin/dein Partner deine Gefühle? Tauscht euch dazu aus.
- Wie fühlst du dich dabei?

Nicht nur andere Menschen beeinflussen deine Gefühle,
sondern auch deine eigenen Gedanken. Wenn du denkst:
Das schaffe ich locker, bist du entspannt und glücklich.
Auch ein Lächeln stärkt dich. Du fühlst dich gut.
Wenn du im Kopf unsicher bist, wirkst du ängstlich.
Misserfolge in der Schule können dir die Freude
am Lernen nehmen und deine Leistung verringern.
Versuche deshalb in schwierigen Situationen immer zu fragen:
Was kann ich tun, um wieder zufrieden und froh zu sein?

Ist dir eine Laus über die Leber gelaufen?

Die Nahrungspyramide

Für alle Lebensvorgänge braucht dein Körper Nährstoffe
und Flüssigkeit. Nahrung gibt dir Energie zum Wachsen,
zum Denken oder um dich zu bewegen. Sie enthält auch Mineralstoffe
und Vitamine, die deinen Körper gesund und schön erhalten.
Diese Nahrungspyramide zeigt dir, wie du dich gesund ernähren kannst.
Wie eine Ampel zeigt sie an, was du beachten musst.
Je breiter die Pyramide, umso wichtiger sind die Lebensmittel
für deine Ernährung.

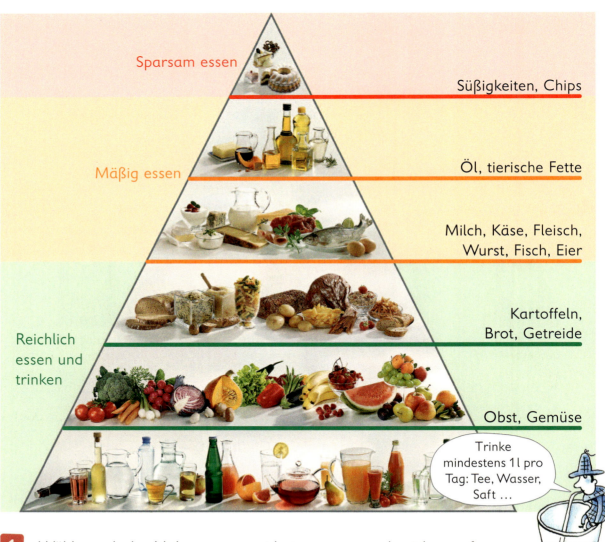

Sparsam essen — Süßigkeiten, Chips

Mäßig essen — Öl, tierische Fette

Milch, Käse, Fleisch, Wurst, Fisch, Eier

Reichlich essen und trinken — Kartoffeln, Brot, Getreide

Obst, Gemüse

Trinke mindestens 1 l pro Tag: Tee, Wasser, Saft …

 1 Wähle nach der Nahrungspyramide genau aus und zeichne auf,
was du am nächsten Tag essen und trinken willst.

⭐ Wertet eure Nahrungspyramiden gemeinsam aus. Plant ein gesundes Frühstück.

Richtig essen und trinken

In einer Grundschule wurden 100 Kinder nach ihren Essgewohnheiten befragt. Das ist das Ergebnis:

Wie gesund ernähren sich die Kinder in unserer Schule?

Ein Diagramm auswerten

- Ein Diagramm veranschaulicht Mengen. Es hilft, Zusammenhänge zu erkennen:
- Lies die Überschrift.
- Betrachte das Bild und lies die Beschriftung.
- Formuliere die Aussage.
- Du kannst die Aussage bewerten.

> Was hast du denn für Essgewohnheiten?

1 Führt auch an eurer Schule eine solche Befragung durch.

2 Befrage dich selbst: Was tue ich für mich?

Was esse ich zum Frühstück?

Genieße ich mein Essen?

Esse ich frische Lebensmittel?

Weiß ich, was gesund ist und was nicht?

Informiere ich mich über Lebensmittel?

Trinke ich genug?

Ernährungsgewohnheiten vergleichen und bewerten

S. 6, S. 7

Ernährung und Gesundheit

Ernährung und Essverhalten beeinflussen unser Wohlbefinden
und unsere Gesundheit. Oft übernehmen Kinder die Essgewohnheiten
ihrer Eltern. Manchmal entwickeln Kinder selbst Vorlieben oder Abneigungen
für bestimmte Lebensmittel. Das kann für die Gesundheit gut sein,
aber auch zu Fehlernährung und zu Krankheit führen.

1 Vergleiche die Ernährungsgewohnheiten der Personen.
Diskutiert in der Klasse darüber.

Ole

Fußball hat heute wieder Spaß gemacht … und jetzt hab ich Hunger.

So schlank möchte ich sein, dann hätte ich keinen Stress mehr und würde es allen zeigen.

Lea

Leo

Schulessen schmeckt einfach öde! Aber Pommes und Burger schmecken mir immer.

Tipps zur gesunden Ernährung und Bewegung:

Ich sammle Rezepte für gesunde Gerichte.

Die Augen essen mit.

Nach einem üppigen Essen etwas laufen oder Rad fahren.

Fehlernährung ist gekennzeichnet durch:
- einseitiges, ähnliches Essen über lange Zeit
- überwiegende Ernährung durch Fast Food
- zu viel Essen
- zu wenig Essen.

Wie siehst du denn aus?

Irgendwas habe ich nicht vertragen!

2 Ergänzt die Tipps zu gesunder Ernährung und Bewegung. Malt selbst ein Strichmännchen-Lesezeichen für ein Rezeptbuch.

Tipps zur gesunden Ernährung und Bewegung:

Gemeinsam kochen macht Spaß.

Mal ein Stück Schokolade genießen macht gute Laune.

Eine neue Sportart ausprobieren, das hält fit.

Emma

Warum bekomme ich bloß immer Zahnweh?

Lisa Müller und Tochter Franka

Am Wochenende koche ich nur mit frischen Produkten, das schmeckt viel besser!

Gibt es Schokoerdbeeren zum Nachtisch?

Peter Schulz

Heute war viel zu tun auf dem Bau. Da esse ich gleich etwas mehr. Das schmeckt aber wieder!

Drogen, nein danke! – Projektbericht

Darüber haben wir diskutiert:

Einige Meinungen:

Rauchen und Bier trinken sind doch erlaubt.

Rauchen ist schick.

Ich bin Sportler. Ich finde Nichtrauchen gut.

Aber nicht für Kinder.

Ih, Raucher stinken.

Probieren ist nicht schlimm.

Das wollten wir wissen und haben uns darüber informiert:

Wie wirkt Alkohol?

- Viele sagen, Alkohol macht gute Laune und beruhigt. Doch Alkohol ist ein Gift, er wirkt rasch: Wer viel trinkt, bewegt sich langsam, beginnt zu schwanken, stolpert oder stottert sogar. Er kann nicht mehr klar sehen und spürt kaum noch Schmerz oder Kälte. Manchem wird übel. Zu viel Alkohol vergiftet das Blut, man kann bewusstlos werden. Es besteht Lebensgefahr.
- Kinder werden durch Alkohol besonders stark geschädigt. Nicht nur Schnaps und Bier sind gefährlich, sondern auch Mixgetränke und Süßigkeiten mit Alkohol, den man oft kaum merkt.
- Alkohol stört die gesamte Entwicklung des Kindes: das Denken, die Beweglichkeit, das Sprechen.
- Alkohol ist eine Droge. Man kann davon abhängig oder schwer krank werden.

Wie wirkt Nikotin?

- Nikotin ist im Zigarettenrauch. Es ist eines der stärksten Gifte mit gefährlichen Wirkungen: kalte Füße und Hände, graue Haut, Atmen fällt schwer, Müdigkeit, Sehschärfe lässt nach bis zur Erblindung, lebensgefährliche Krankheiten.

Im Jugendschutzgesetz steht: Die Abgabe von Tabak und Alkohol

Darüber haben wir diskutiert und Aktionen gestartet:

Aktion: Werbung gegen Alkohol
- eine Werbung für Alkohol suchen
- einen Werbespruch dagegen verfassen
- die Werbesprüche in der Klasse ausstellen

Aktion Rollenspiele: „Ich kann ‚Nein' sagen"
- mehrere Situationen spielen
  - „Nein" sagen, wenn Zigaretten angeboten werden
  - „Nein" sagen zu Alkohol
  - „Nein" sagen zu Tabletten bei Kopfschmerzen, andere Lösung suchen

Eine Projektwand gestalten

- Plant: Was wollt ihr wem mitteilen?
- Findet eine treffende Überschrift.
- Sucht oder gestaltet passende Bilder. Gebt ihnen Bildunterschriften.
- Schreibt passende Texte. Hebt das Wichtigste farbig hervor.
- Ordnet Texte und Bilder übersichtlich auf der Projektwand an.

an Kinder und Jugendliche unter 16 Jahren ist verboten!

Ein Handzettel für die erste Hilfe

Willst du dir oder anderen helfen,
kann dir ein Handzettel von Nutzen sein.
Als Leporello gefaltet kannst du ihn
bei dir tragen und im Notfall nachsehen,
wie du helfen kannst.
Wenn du öfter darin liest, prägen sich
wichtige Handlungen fest ein.
Um erste Hilfe selbst zu leisten,
brauchst du:

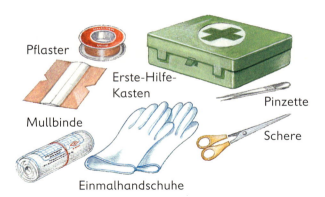

Pflaster
Erste-Hilfe-Kasten
Pinzette
Mullbinde
Schere
Einmalhandschuhe

Selbst helfen – aber wie? Kleine Verletzungen

Schnitt- und Schürfwunden
- nur mit sauberen Händen versorgen
- nicht berühren, mit Pflaster oder einem Mullverband bedecken

Verbrennung oder Verbrühung
- verbrannte oder verbrühte Stelle sofort unter kaltes Wasser halten

Sonnenbrand
- mit feuchtem Tuch kühlen
- an einen kühlen Ort gehen
- zum Arzt gehen

Nasenbluten
- den Kopf nach vorn beugen
- kalte Umschläge in den Nacken legen

Insektenstiche
- selbst Ruhe bewahren oder andere beruhigen
- kühlen, Zwiebelscheiben auflegen

Hilfe holen – aber wie? Brand • Unfall • Badeunfall

So mache ich es richtig:
- Ruhe bewahren
- Erwachsene herbeiholen
- Notruf wählen (kostenfrei)

Notruf-Nummern
- Feuerwehr **112**
- Polizei **110**

Sprich langsam und deutlich:
Sage, wer spricht
(Name des Anrufers)!

WO ist es passiert? (Adresse, Ort)

WAS ist passiert? (Brand, Verkehrsunfall)

WIE VIELE Verletzte?

WELCHE Verletzungen?

WARTEN auf Rückfragen

Bei uns und anderswo

Wie bauen wir ein Modell unserer Schule?
Was sollte ich über meinen Heimatkreis wissen?
Ich will Rad fahren, was muss ich wissen und können?

Ein Modell der Schule bauen …

Um ein Modell eures Schulgeländes zu bauen, müsst ihr alles von allen Seiten genau betrachten:

Ein Gelände erforschen

- Erkundet:
  – die Begrenzungen des Geländes,
  – Zugänge und Zufahrten,
  – die Anzahl der Gebäude und wie sie aussehen,
  – Wege, Anlagen, Bäume,
  – wie Gebäude und Anlagen zueinander stehen (Abstand, Richtung).

1 Sammelt Material. Baut Gebäude, Bäume …

2 Ordnet alles auf einem großen Packpapier an.
Malt die Wege auf.

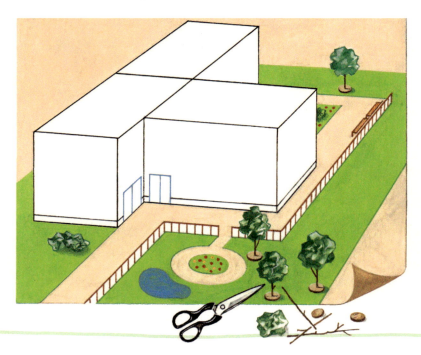

Beachtet:
- In einem Modell ist alles kleiner und einfacher: Häuser, Wege, Plätze, die Räume zwischen ihnen.
- Gebäude und Anlagen sind wie in der Wirklichkeit unterschiedlich groß.
- Alles muss so angeordnet sein, wie es auf dem Schulgelände zu sehen ist.

... und einen Plan davon zeichnen

So entsteht aus eurem Modell ein Plan.

- Umfahrt mit Stiften die Grundflächen der Häuser. Nehmt sie dann vom Papier herunter.

- Auf dem Papier seht ihr nun die Grundrisse der Gebäude. Alle Gebäude und Wege sind einfacher, kleiner und in der richtigen Lage zueinander aufgezeichnet.

- Vervollständigt euren Plan mit Grundrissen für Anlagen, Bäume und dem, was ihr sonst noch im Modell eures Schulgeländes dargestellt habt. Erfindet dafür Grundrisse und zeichnet sie farbig in den Plan.

geknülltes Papier

Kork-scheibe

| Beet | Zaun | Teich | Weg | Baum | Bank |

- Tragt in euren Plan die Haupthimmelsrichtungen ein. Orientiert euch dafür am Sonnenstand.
  N – Norden   **S** – Süden   **O** – Osten   **W** – Westen

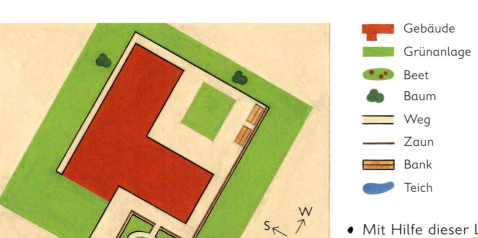

Gebäude
Grünanlage
Beet
Baum
Weg
Zaun
Bank
Teich

- Mit Hilfe dieser Legende ist euer Plan „lesbar". Sie erklärt die Farben, Linien und Zeichen.

Einen Ortsplan lesen und den Weg finden

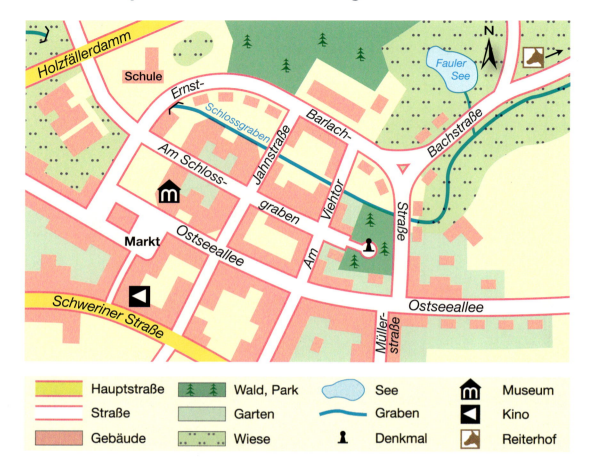

Hauptstraße	Wald, Park	See	Museum
Straße	Garten	Graben	Kino
Gebäude	Wiese	Denkmal	Reiterhof

Ein <u>Ortsplan</u> zeigt Straßen und Gebäude, Plätze und Grünanlagen eines Ortes. Sie sind auf einer Fläche noch einfacher und kleiner in Grundrissen dargestellt. Zu jedem Plan gehört eine Legende, die alle Zeichen und Farben im Plan erklärt.

Auf dem Plan weist die Nordrichtung zum oberen Kartenrand.

Mit einem Ortsplan kannst du dich über einen Ort informieren, auch wenn du noch nie dort warst.

1 Arbeitet mit dem Ortsplan. Erfindet Aufgaben.

2 Findet auf dem Plan besondere Gebäude und das Denkmal.

Landkarten als Orientierungshilfen

Karten helfen, sich in der Umgebung zurechtzufinden.
Eine Karte zeigt ein noch größeres Gebiet als ein Ortsplan.
Darauf ist alles noch kleiner und einfacher dargestellt.
Viele verschiedene Karten liefern unterschiedliche Informationen:

In eine Wanderkarte sind Wanderwege eingezeichnet.

Mit einer Straßenkarte informieren sich Kraftfahrer über den Verlauf der Straßen.

Eine physische Karte zeigt die Gestalt der Oberfläche eines Gebietes
mit Gewässern, Siedlungen, Verkehrswegen und Grenzen.

Unser Heimatkreis – Landschaften und Höhen

Eine Ebene ist ein weites, flaches Gebiet. Dort gibt es keine Berge und keine Hügel. In manchen Ebenen aber sind flache Bodenwellen zu finden. Man kann weit ins Land schauen.

Und was ist eine Küste?

Das ist die Grenze zwischen Land und Meer.

Ein Hügel erhebt sich nur wenig über seine Umgebung.
Hügel sind meist nicht höher als 200 m. Sie haben abgerundete Kuppen und manchmal lang gezogene Rücken oder flache Hänge.
Oft liegen mehrere Hügel hintereinander wie eine Kette.
Landschaften mit Ebenen und Hügeln nennt man Tiefland.

Ein Berg überragt seine Umgebung. Berge können über 1000 m hoch sein. Manche Berghänge fallen steil ab. In den Tälern zwischen den Bergen fließen oft Bäche und Flüsse. Manchmal füllen kleine Seen die Talböden. Berge und Täler oder eine Kette von mehreren Bergen sind Gebirge.

Eben heißt flach oder platt.

Und das Gegenteil ...?

Wie zeigen flache Karten hohe Berge?

Das ist eine Landschaft mit Berg und Tal.
Es sind kleine Häuser, Wiesen, Felder und Bäume
zu sehen. Ein Fluss fließt in einen See.

1 Baut das Modell eines Berges.

- Ihr braucht dazu: Styropor,
  eine Schablone aus Pappe,
  eine Schere, ein Messer, Farben,
  einen Bleistift, einen Pinsel,
  ein Glas mit Wasser.

- So geht ihr vor:
  Markiert die Höhenlinien.
  Malt die Höhenschichten
  wie in der Abbildung unten
  mit passenden Farben aus.

So kann man die Landschaft mit Höhenlinien und
Höhenschichten vereinfacht darstellen.
Jede Höhenschicht hat eine andere Farbe.

Höhen

	1 000 m
	750 m
	500 m
	200 m
	100 m

Höhenlinie
Höhenschicht

So kann euer Modell des Berges von der Seite
aussehen. Höhenlinien sind eingezeichnet.
Jede Höhenschicht hat eine andere Farbe.

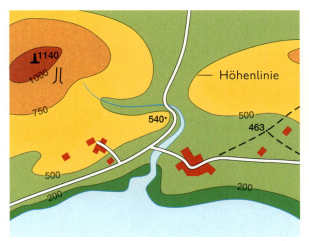

Höhenlinie

Von oben betrachtet sehen die Höhenschichten
wie farbige Flächen aus. Hier sind Höhenlinien
und Höhenschichten auf einer Karte dargestellt.

2 Stellt den Berg als farbige Fläche dar.

Landhöhen

	1 000 m
	750 m
	500 m
	200 m
	0 m

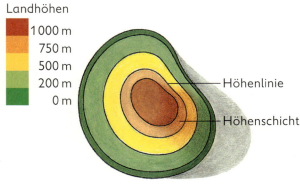

Höhenlinie
Höhenschicht

Wenn ihr euer Bergmodell von oben betrachtet,
wirkt es wie eine farbige Fläche. So ähnlich sieht
ein Berg auf einer Karte aus.

Mit Karte, Kompass und Weitblick

Auf einer Karte weist die Nordrichtung immer zum oberen Kartenrand.

1 Zeige auf der Karte Süden, Südosten, Osten, Westen.

Fluss
See
Eisenbahnlinie
Bahnhof
Autobahn
Hauptstraße
Nebenstraße
Siedlungsfläche
Wald
Wiese
Ackerland

0   1   2 km

Mit einem Kompass findest du Himmelsrichtungen im Gelände.

Willst du im Gelände nach der Karte wandern, musst du die Karte
mit dem Kompass nach Norden ausrichten, das heißt, die Karte einnorden.
- Drehe im Kompass die Skala, bis das **N** zum Richtungspfeil weist.
- Lege dann den Kompass mit der Anlegekante
  an den Rand der Karte.
- Drehe die Karte mit dem Kompass so, dass die Spitze
  der Kompassnadel auf das **N** in der Skala zeigt.

Um Entfernungen zu messen, halte eine feste Schnur
an die Endpunkte der zu messenden Strecke. Schneide
die Schnur an beiden Enden ab. Miss die Länge der
Schnur. Errechne die Entfernung anhand des Maßstabes.

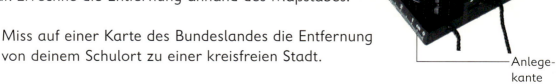

Richtungs-
pfeil

Skala

Kompass-
nadel

Anlege-
kante

2 Miss auf einer Karte des Bundeslandes die Entfernung
von deinem Schulort zu einer kreisfreien Stadt.

 Erfindet weitere Aufgaben zum Messen von Entfernungen auf Karten.

Räume erschließen: Himmelsrichtungen,
Karte und Kompass; Legende

Unser Heimatkreis – eine Karte lesen

Kreise in Mecklenburg-Vorpommern

Jede Karte hat eine Überschrift. Sie sagt, was auf der Karte abgebildet ist.
Eine Legende hilft, die Karte zu lesen und zu verstehen.
Mit der Maßstabsleiste werden Entfernungen auf der Karte bestimmt.

1 Löse folgende Aufgaben.
Orientiere dich am Wegweiser.

- Wie viele Landkreise hat Mecklenburg-Vorpommern?
- Wie heißen die kreisfreien Städte?
- In welchem Landkreis oder in welcher kreisfreien Stadt wohnst du?
- Wie heißen die Nachbarkreise, die an deinen Heimatkreis grenzen?
- Zeichne den Umriss deines Kreises auf ein DIN-A4-Blatt.

Eine Karte lesen

- Lies die Überschrift.
- Lies die Legende.
Formuliere:
Die Linien bedeuten …
Die Zahlen bedeuten …
- Schau die Maßstabsleiste an. Mit ihrer Hilfe findest du heraus, wie weit sich ein Kreis ausdehnt.
- Miss die längste Entfernung von Ost nach West und von Nord nach Süd.

Die Wirtschaft des Heimatkreises erkunden ...

In deinem Ort und deinem Heimatkreis leben viele Menschen.
Sie arbeiten hier und kaufen ein, sie fahren mit dem Bus oder der Bahn,
sie besuchen Kinos, Gaststätten oder ein Stadion.
Alle Arbeitsstätten, wie Industriebetriebe, Betriebe der Handwerker
oder Landwirte sowie Geschäfte bilden die Wirtschaft deines Heimatkreises.

1 Was gehört in deinem Heimatort zur Wirtschaft?

2 Welche Transportwege gibt es in eurem Ort?
   Wohin führen sie?

3 Informiert euch über die Wirtschaft eures Heimatkreises.
   Legt eine Übersicht an. Benennt Betriebe, Geschäfte usw.

... und präsentieren

So könnt ihr die Wirtschaft eures Kreises präsentieren:

Stralsunder Möbelwerke GmbH

Was wird dort hergestellt?
- Wohnmöbel ...
- Büromöbel ...
- Möbel für Empfangshallen, Hotels ...

Produkte der Agrarproduktion Tribsees

Welche Pflanzen werden angebaut?
- Kartoffeln
- Getreide
- Raps
- ...

4 Forsche nach: Welche Produkte aus dem Heimatkreis nutzt deine Familie?

Wo wir wohnen

Wie gut Menschen in einem größeren Gebiet (Region) leben können, hängt von vielen Dingen ab: Welche Arbeitsstätten und öffentlichen Einrichtungen gibt es vor Ort? Wo befinden sich Einkaufsmöglichkeiten? Welche öffentlichen Verkehrsmittel kann man nutzen?

Auch die Landschaft beeinflusst das Leben der Menschen: Gibt es Wälder und Seen für die Erholung? Werden Flächen für die Landwirtschaft genutzt?

Ich fühle mich in meiner Umgebung pudelwohl.

Simon erzählt:

Ich wohne in einem Dorf in Mecklenburg-Vorpommern. Unser Dorf hat 800 Einwohner. Immer mehr Familien mit kleinen Kindern ziehen von der Stadt hierher. Meine Eltern haben ein kleines altes Bauernhaus ausgebaut. Hinter dem Haus ist ein großer Garten. Zur Schule fahre ich mit dem Bus in den Nachbarort.

Unsere Schule ist modern. Wir haben einen Computerraum und einen großen Schulgarten. Nach dem Unterricht gehe ich an zwei Tagen in den Sportverein zum Tischtennis. Ich fahre dann mit dem Spätbus nach Hause.

Rings um unser Dorf ist Ackerland. Mein Vater arbeitet in der Landwirtschaft. Er fährt jeden Morgen mit dem Fahrrad zur Arbeit. Wir haben im Ort gut ausgebaute Radwege. Wenn Vater freihat, kommt er manchmal in die Schule und hilft uns bei der Schulgartenarbeit.

Meine Mutti ist Verkäuferin. Weil es in unserem Dorf kein Geschäft mehr gibt, fährt sie jeden Tag mit dem Auto zur Arbeit in die Kreisstadt. Sie sagt: „Ich bin Pendlerin." Das bedeutet, dass sie für den Weg zur Arbeit ein Verkehrsmittel benutzen muss. Abends kommt sie oft spät nach Hause.

Meine Oma wohnt im Harz. Wenn sie uns besucht,
fährt sie bis zur Kreisstadt mit dem Zug.
Anschließend benutzt sie den Bus bis ins Dorf.
Oma möchte gern, dass wir in den Harz umziehen.
Dann wäre sie dort nicht mehr so allein. Das ist für uns
nicht so leicht: Gibt es dort Arbeit? Wo ist die nächste
Schule? Wie werden wir im neuen Dorf aufgenommen?

In unserem Dorf gibt es eine Begegnungsstätte.
Dort treffen sich Vereine. Außerdem ist hier
ein Heimatmuseum untergebracht.
In der Bücherstube kann man Bücher ausleihen.
Zwei Räume nutzt die Gemeindeschwester.
Auf dem Hof sind alte Maschinen aus der
Landwirtschaft ausgestellt.

Einmal im Jahr veranstaltet der Traditionsverein einen
Bauernmarkt. Am Vormittag ist ein großes Sportfest
und am Nachmittag wird bei Musik und Tanz gefeiert.
Händler und Hersteller aus der Umgebung bieten ihre
Produkte an: Lebensmittel, Holzarbeiten, Glaswaren,
Keramik und vieles mehr.

Auf der Homepage unserer Region
befindet sich eine Immobilienbörse.
Hier werden Leuten, die gern aufs Land
ziehen möchten, Wohnungen, alte
Häuser oder Grundstücke angeboten.

1 Finde Bildunterschriften zu den Fotos.

2 Lies die Texte. Begründe: Warum ist der Wohnort
für Simons Familie günstig/ungünstig?

 Beschreibe, wo du wohnst.
  • Begründe, warum dieser Wohnort für dich und deine Familie
    ein guter Lebensort ist.
  • Was würdest du im Ort gern verändern wollen?

Mit dem Rad fahren – Was muss ich wissen?

Auf der Straße sind Radfahrer und Fußgänger Verkehrsteilnehmer. Deshalb müssen sie Verkehrsregeln, Vorschriften und Verkehrszeichen kennen und beachten. So schützen sie sich und andere vor Gefahren.

Die wichtigste Regel:

„Die Teilnahme am Straßenverkehr erfordert ständige Vorsicht und gegenseitige Rücksicht. Jeder Verkehrsteilnehmer hat sich so zu verhalten, dass kein anderer geschädigt, gefährdet oder mehr als vermeidbar behindert oder belästigt wird."

• Wo ist diese Regel aufgeschrieben?

Achtung, Radfahrer!

– Kinder bis 8 Jahre müssen mit ihrem Fahrrad Gehwege benutzen, Kinder bis 10 Jahre dürfen Gehwege benutzen.
– Radfahrer müssen einzeln hintereinanderfahren.
– Die Fußgängerzone ist kein Radweg!
– Radfahrer müssen alle Verkehrszeichen beachten, auch Ampeln und Markierungen auf der Fahrbahn.

• Welche Regeln sind noch zu beachten?

Wichtige Verkehrszeichen kennen und beachten

Vorschriftzeichen

| Radweg | Gemeinsamer Geh- und Radweg | Getrennter Rad- und Gehweg | Verbot für Fahrräder | Halt. Vorfahrt gewähren! |

Gefahrzeichen

| Gefahrstelle | Arbeitsstelle | Einseitig verengte Fahrbahn | Unebene Fahrbahn | Fußgänger |

1 Gestaltet einen Aufsteller zum Thema „Rad fahren".

 S.5

Mit dem Rad fahren – Was muss ich können?

Wir üben im Verkehrsgarten oder in einem anderen sicheren Gelände.
Jede Übung wird bewertet:

Training auf dem Übungsplatz

Zügig anfahren,
ohne zu wackeln

Sicher geradeaus fahren
Zeichnet eine etwa 80 cm
breite und etwa 3 m
lange Gasse.
Jeder fährt zügig an
und bleibt in der Gasse.

Nach hinten sehen, dabei
geradeaus weiterfahren

Schulterblick
Schaut beim Durchfahren
der Gasse nach hinten.
Dort wird ein Schild
hochgehalten.
Was steht darauf?

Fahrradhelm tragen!

Mit einer Hand fahren
Fahrt durch die Gasse:
einmal nur mit der rechten
und einmal nur mit der
linken Hand am Lenker.

Sicher mit einer Hand
fahren

Stark bremsen
Stellt einen Kegel auf.
Fahrt aus 10 m Entfernung
darauf zu und bremst.

Bei Gefahr stark bremsen,
ohne zu stürzen

1 Ermittelt euren Verkehrs-Champion.

So ist mein Fahrrad verkehrssicher

Im Straßenverkehr muss dein Fahrrad mit diesen Teilen ausgerüstet sein.
Das ist vorgeschrieben, damit dein Fahrrad verkehrssicher ist.

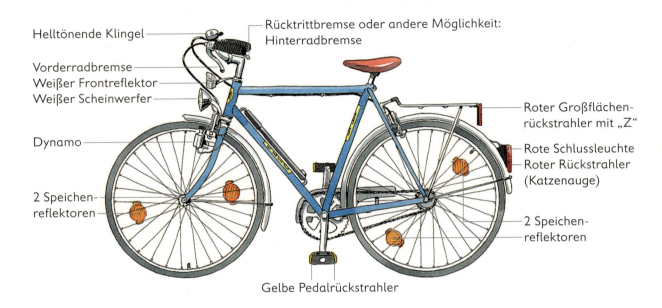

Helltönende Klingel

Rücktrittbremse oder andere Möglichkeit:
Hinterradbremse

Vorderradbremse
Weißer Frontreflektor
Weißer Scheinwerfer

Roter Großflächen-
rückstrahler mit „Z"

Dynamo

Rote Schlussleuchte
Roter Rückstrahler
(Katzenauge)

2 Speichen-
reflektoren

2 Speichen-
reflektoren

Gelbe Pedalrückstrahler

Nur wenn alle Teile an deinem Fahrrad funktionieren, ist es auch betriebssicher.

 Die Kette
muss straff
gespannt sein,
sonst kann sie
abspringen.

 Die Reifen sollten weder
zu wenig noch zu stark
aufgepumpt sein. Sie müs-
sen genug Profil haben.
Nur so rollen sie sicher.

 Der Bremshebel darf auch
bei starkem Bremsen nicht
den Lenkergriff berühren.
Er darf sich auch nicht zu
leicht bewegen.

Sattel und Lenker sind richtig eingestellt,
wenn deine Füße den Boden gerade noch
berühren.
Alle Schrauben müssen fest angezogen sein.

1 Prüfe, ob dein Fahrrad verkehrs- und betriebssicher ist.
Lass dein Fahrrad ab und zu von einem Fachmann überprüfen.

Mit dem Fahrrad im Straßenverkehr

Solche Situationen gibt es oft im Straßenverkehr.
Jeder Verkehrsteilnehmer muss dann genau wissen, was zu tun ist.

Eine Regel heißt: „An Kreuzungen und
Einmündungen hat die Vorfahrt, wer von rechts
kommt", kurz gesagt: „rechts vor links".
Wer fährt hier zuerst?

Wenn Verkehrszeichen die Vorfahrt regeln,
ist die Regel „rechts vor links" aufgehoben:

STOP Halt. Vorfahrt gewähren!
Bei diesem Zeichen müssen Fahrzeuge
immer an der Haltelinie anhalten, auch wenn
von links und rechts kein Fahrzeug kommt.
Wann dürfen sie weiterfahren?

Fußgängerüberweg
Alle Fahrzeuge müssen vor dem Überweg
anhalten, wenn sich Fußgänger darauf befinden.
Wann dürfen sie weiterfahren?

Dem Gegenverkehr
Vorrang gewähren!
Hier ist eine Arbeitsstelle. Das Zeichen gibt an:
Der Gegenverkehr hat Vorrang.
Wer darf zuerst fahren?

1 Findet dieses Zeichen an einer Kreuzung
und fotografiert es.
Informiert euch, was es bedeutet.

Vorfahrt gewähren!

2 Gestaltet eine Übersicht mit Texten, Bildern
und Fragen zu Verkehrszeichen in eurer Umgebung.

Wenn Fahrzeuge näher kommen

Willst du sicher über eine Straße gehen, musst du die Entfernung
der näher kommenden Fahrzeuge einschätzen können. Nur so erkennst du,
ob du die Straße gefahrlos überqueren kannst. Auch beim Radfahren
musst du Abstände einschätzen, um unfallfrei zu fahren.

Entfernungen schätzen

Drei Kinder stellen sich hinter
einer Linie in unterschiedlicher
Entfernung auf. Andere Kinder
schätzen die Entfernung.
Wiederholt die Übung.

Schätzt Entfernungen auf
dem Schulhof. Messt dann nach:
Wie weit ist es vom Haupt-
gebäude bis zur Turnhalle, vom
Baum bis zum Spielplatz …?

Schätzt Entfernungen im
Straßenverkehr:
Wie weit sind Fahrzeuge entfernt?
Wie schnell nähert sich ein
Fahrzeug? Stoppt die Zeit.

Notiert die Ergebnisse in einer Tabelle:

Entfernungen schätzen und messen			
Name	geschätzt	gemessen	Abweichung
Lea			

Abstand halten

Gehe dicht hinter einem Kind.
Was passiert, wenn es plötzlich
stehen bleibt?
Vergrößere den Abstand auf Armlänge.
Wiederhole den Versuch.
Erhöhe nun noch die Schritt-
geschwindigkeit. Was passiert?

Wenn Radfahrer in der Gruppe
fahren, müssen sie einen Abstand
von zwei bis drei Radlängen einhalten.
Übt den Sicherheitsabstand
in einem verkehrsberuhigten Raum.

Bleib ja
1 Meter hinter
mir.

 Übt als Radfahrer im verkehrssicheren Raum das Bremsen und das Abstandhalten.

Früher und heute

Wie wurde früher die Zeit gemessen?
Was erzählen Erwachsene über ihre Schulzeit?
Wie lebte eine Handwerkerfamilie vor 100 Jahren?

Die Zeit messen und Uhren bauen

Auf ihrer Bahn um die Sonne legt die Erde in 30 min über 53 000 km zurück.

Bis zur Schule braucht Friederike etwa 30 Minuten, wenn sie nicht bummelt und wenn die Bahn pünktlich ist. 12 Minuten für den Fußweg und 18 Minuten für die Bahnfahrt. Zusammen sind es 30 Minuten oder eine halbe Stunde oder 1800 Sekunden. Für die Dauer dieses Vorgangs gibt es also ein genaues Maß. Diese halbe Stunde kommt Friederike manchmal wie eine Ewigkeit vor, manchmal vergeht sie wie im Fluge. Wie erklärst du dir das?

Die Zeit messen – mit Sonne, mit Feuer, mit Wasser, mit ...

In Urzeiten reichte es aus, sich nach dem Ablauf des Tages oder des Jahres zu richten: Wir treffen uns wieder, wenn die Sonne zweimal untergegangen ist. Die Sonne machte auch die älteste Uhr möglich: die Sonnenuhr. Doch man brauchte Uhren, die genauer und unabhängig vom Tageslicht waren: Man erfand die Wasseruhr, die Feueruhr, die Sanduhr. Später die mechanische, die elektrische und schließlich die Funkuhr.

Der Schatten des Stabes wandert mit dem Lauf der Sonne. Auf der Skala kann man die Zeit ablesen: aber nur, wenn die Sonne scheint.

1 Wo ist eine genaue Zeitangabe heute wichtig? Erkläre es an Beispielen.

Mit der Funkuhr kann sich heute jeder die genaue und offizielle Uhrzeit ins Haus holen. Heute ist die Zeit auf der ganzen Welt einheitlich abgestimmt.

Feueruhren gab es schon vor 3 000 Jahren in China. Auf dem Drachenkörper liegt ein Räucherstäbchen. Darüber hängen Fäden mit Kugeln. Brennt das Räucherstäbchen ab, brennen auch die Fäden nacheinander ab. Ist ein Faden durchgebrannt, fällt die Kugel in die Metallwanne und tönt. Wie kann die Feueruhr zum Wecker werden?

Bei dieser alten Wasseruhr tropft Wasser aus den Augen der rechten Figur auf ein Wasserrad. Es bewegt Zahnräder. Sie heben die linke Figur hoch. Mit dem Pfeil zeigt sie auf der Skala die Zeit an.

Eine Wasseruhr bauen

Material:
1 festen, großen Jogurtbecher, 1 Glas, Handbohrer, Bindfaden, Wasser, Uhr, wischfester Stift

Vorgehen:

Faden

Loch

Loch

| Ein Loch in den Boden und drei in den Becherrand bohren. | Bindfäden befestigen, den Becher aufhängen. | Glas zum Auffangen des Wassers hinstellen, Wasser eingießen. | Alle 5 Minuten den Wasserstand neu markieren. |

Eine Sanduhr bauen

Material:
2 Marmeladengläser, Kleber für Metall, dünnen Nagel, Hammer, Vogelsand, Uhr, wischfester Stift

Vorgehen:

| Beide Deckel zusammenkleben. | In der Mitte ein Loch einschlagen. | Glas mit Sand füllen. Gläser zusammenschrauben. | Alle 5 Minuten die Sandhöhe markieren. |

2 Die Sanduhr ist seit dem Mittelalter ein beliebter Zeitmesser. Beschreibt sie. Wie funktioniert sie?

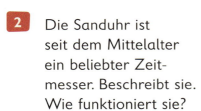

Zeiträume benennen

Zeiträume kannst du mit <u>Vergangenheit</u>, <u>Gegenwart</u> oder <u>Zukunft</u> bezeichnen.

Vergangenheit	Gegenwart	Zukunft

Max wurde mit sechs Jahren eingeschult.

Max geht jetzt in die dritte Klasse.

Max will später Zimmermann werden.

Zeiträume kannst du auch mit Jahr, Jahrzehnt, Jahrhundert oder Jahrtausend benennen.

Max spielt seit einem Jahr in der Hockeymannschaft der Schule. Er hat es in 12 Monaten geschafft, der beste Torwart der Mannschaft zu werden.

Ein Jahr – das sind 12 Monate.

Die Schwester von Max ist 10 Jahre alt und 1,50 m groß. Als sie geboren wurde, war sie 50 cm groß. Sie ist in einem Jahrzehnt einen Meter gewachsen.

Ein <u>Jahrzehnt</u> – das sind 10 Jahre.

Max wohnt in der Lindenstraße. Dort stehen mächtige, 100 Jahre alte Lindenbäume. Was sie wohl erzählen könnten?

Ein <u>Jahrhundert</u> – das sind 100 Jahre.

Max war mit seinen Eltern im Urlaub in Ägypten. Das Land liegt in Afrika. Dort hat er Pyramiden gesehen, die vor etwa 4000 Jahren erbaut wurden.

Ein <u>Jahrtausend</u> – das sind 1000 Jahre.

1 Tauscht euch aus: Wie stellt ihr euch eure Zukunft vor?

⭐ Führe ein Interview: An welche Ereignisse in den letzten Jahrzehnten erinnern sich deine Eltern und Großeltern gern?

Begriffe für größere Zeiträume unterscheiden und anwenden

S. 16

Verschiedene Kalender

Schon vor langer Zeit beobachteten die Menschen die Sonne, den Mond und die Sterne. Sie erkannten, dass man mit Hilfe dieser Beobachtungen die Zeit in Abschnitte, wie Jahr, Monat oder Tag einteilen kann. So entstanden weltweit unterschiedliche Kalender mit verschiedenen Zeitrechnungen.

Unser Kalender stützt sich auf die Beobachtung der Sonne. Deshalb ist er ein Sonnenkalender. Das bedeutet: Hat die Erde die Sonne einmal umrundet, dann ist ein Jahr vergangen. Wir haben dann 365 Tage und etwa 6 Stunden auf der Erde gelebt. Um die etwa 6 Stunden auszugleichen, wird alle vier Jahre im Monat Februar ein Tag hinzugefügt, der 29. Februar. Ein solches Jahr heißt Schaltjahr. Eine Besonderheit in unserem Kalender ist Ostern. Das Fest wird nach dem Mondlauf berechnet. Ostersonntag ist immer der erste Sonntag nach dem ersten Frühlingsvollmond.

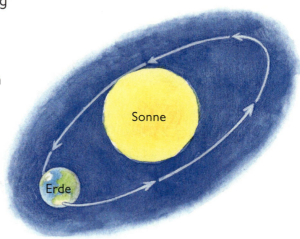

1 Wann ist in diesem Jahr Ostern? Wann war das Fest im vergangenen Jahr?

In den Ländern des Islam stützt sich der Kalender auf die Beobachtungen des Mondes. Deshalb ist er ein Mondkalender. Das bedeutet: Von der Erde aus gesehen braucht der Mond für eine Erdumrundung 29,5 Tage. Ein neuer Monat beginnt immer dann, wenn nach dem Neumond abends die Mondsichel wieder zu sehen ist. Ein Jahr hat so 354 Tage, also 11 weniger als im Sonnenkalender. Da es im Mondkalender keine Schalttage gibt, verschieben sich die Tage im Jahresverlauf, auch die Feiertage. So kann der neunte Monat des islamischen Kalenders, der Fastenmonat Ramadan, einmal im Winter liegen, und rund 15 Jahre später liegt er dann im Sommer.

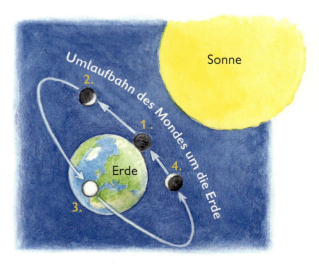

1 Neumond
2 zunehmender Mond
3 Vollmond
4 abnehmender Mond

2 Informiere dich über den jüdischen Kalender im Internet. Schreibe einen Text dazu.

Alte und neue Schulgeschichten

Uroma besuchte die Schule von 1929 bis 1937. Sie hatte jeden Tag einen langen Schulweg, vom Stadtrand zur Stadtmitte. Dort unterrichtete ein Lehrer mehrere Klassen gleichzeitig in einem Raum.

Oma kam 1956 in die erste Klasse. Stolz war sie auf ihren braunen Ranzen, die Schiefertafel und den Griffelkasten. Oma besuchte die Schule bis zur 10. Klasse und lernte dann Schneiderin.

1925 •••• 1930 •••• 1935 •••• 1940 •••• 1945 •••• 1950 •••• 1955 •••• 1960 •••• 1965 •••

Schreibheft   Fibel   Schiefertafel

Lebensverhältnisse verschiedener Generationen am Beispiel Schule

S. 16

Mutter kam 1981 zur Schule. Viele Kinder ihrer Klasse kannte sie schon aus dem Kindergarten. In den Ferien fuhren sie oft in ein Ferienlager.
Nach 12 Jahren machte Mutter Abitur.

Julia wurde im Sommer 2007 eingeschult. Sie konnte schon ein wenig lesen und am Computer ihren Namen schreiben. Julia geht gern zur Schule. Sie möchte später Lehrerin werden.

970 •••• 1975 •••• 1980 •••• 1985 •••• 1990 •••• 1995 •••• 2000 •••• 2005 •••• 2010 •••• 2015

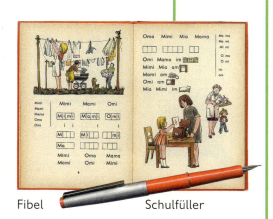

Fibel   Schulfüller

Mit einem Zeitstrahl arbeiten

- Lies die Jahreszahlen auf der Zeitleiste.
- Finde heraus, was die Punkte bedeuten.
- Zeige wichtige Daten von dir: Geburt, Einschulung, eine schöne Ferienreise …
- Ordne Bilder deiner Familie der Zeitleiste zu.
- Findet Fragen zur Zeitleiste, wie: Wann schrieben die Kinder mit einem Griffel?

Lebensverhältnisse verschiedener Generationen am Beispiel Schule

S. 16

Hobel, Zirkel, Winkelmaß

Das Foto ist etwa 100 Jahre alt. Es zeigt die Familie Baer. In der Mitte steht der junge Tischlermeister Helmuth Baer. Er hatte vier Söhne, und alle seine Kinder und sogar einige Enkelkinder sind dem Handwerk treu geblieben.

Und so war es vor 100 Jahren:

Drei Jahre lernte Helmuth Baer Tischler. Danach ging er als Geselle auf Wanderschaft, um bei verschiedenen Tischlermeistern seine handwerklichen Fähigkeiten zu vervollkommnen.

So kam er auch auf den Darß.

Die Fischländer hatten sich zu tüchtigen Seeleuten entwickelt, die um die ganze Welt fuhren.

Zu Wohlstand gekommen, ließen sie kunstvoll verzierte Schifferhäuser mit einladenden Haustüren bauen.

Dort baute Helmuth Kapitänstüren.

Nach einigen Jahren machte der Geselle Helmuth Baer die Meisterprüfung und arbeitete später mit Lehrlingen und Gesellen in seiner eigenen Werkstatt.

Dort wurde alles gefertigt, was die Kunden wünschten, zum Beispiel Wiegen, Spielzeug, Schränke.

Die Stühle und den Tisch auf dem Foto hat der Meister selbst getischlert und auch das Schaukelpferd für seinen Sohn Ernst.

Entwicklungsabschnitte beschreiben und miteinander vergleichen

AH S.33

S. 16

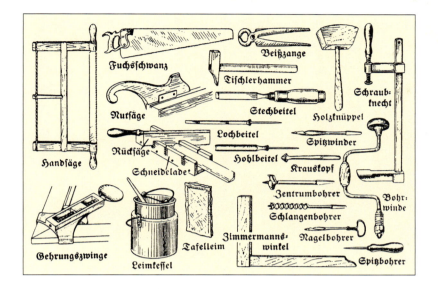

Das alte Zeichen der Tischlerzunft zeigt Hobel, Zirkel und Winkelmaß.

1 Vergleiche das alte Handwerkszeug mit heutigem Werkzeug.

Damals gab es noch keine Maschinen, die die Tischler-
arbeit erleichterten. So wurde alle anfallende Arbeit
mit verschiedenen Werkzeugen und mit der Hand
ausgeführt. Für Ausbesserungen an Fenstern oder Türen
fuhren die Tischler auch über Land und erledigten
die Reparaturen mit großem Geschick.
Der Arbeitstag war oft 12 Stunden lang.
Auch am Sonnabend wurde gearbeitet.

2 Vielleicht habt ihr Gelegenheit, eine Tischler-
werkstatt zu besuchen. Überlegt, was ihr fragen
und ansehen möchtet.

Lehrlinge und Gesellen wohnten mit im Haus des
Meisters. Die Meisterin versorgte nicht nur ihre Kinder,
sondern auch die Arbeitskräfte. Ein Dienstmädchen half
in Haus und Garten, heizte Öfen, wusch die Wäsche
und bereitete das Essen mit vor. Alle waren zufrieden,
wenn es am Tag auch eine warme Mahlzeit gab.
Meist gab es Suppen und Kartoffeln, im Sommer
auch frisches Gemüse und Obst aus dem Garten.
Die Kinder sammelten oft Pilze und Beeren.

Holz wahrnehmen

- Betrachte
  die Maserung
  verschiedener Hölzer
  und zeichne sie.
- Rieche an Hölzern.
- Taste Holzbretter
  mit geschlossenen
  Augen ab.
- Bearbeite Holz mit
  unterschiedlichen
  Werkzeugen: sägen,
  bohren, schleifen …
- Erkunde hölzerne
  Musikinstrumente.
  Lausche den Klängen,
  die du mit ihnen
  erzeugen kannst.

Türme besteigen und Türen beschauen

Schau einmal jedes Jahr vom selben Turm und du siehst, wie sich der Ort verändert hat.

Lauf einmal jedes Jahr durch deinen Ort und du findest Spuren von früher und heute.

Blick vom Turm der Marienkirche auf die Altstadt von Stralsund

Als vor etwa 700 Jahren die Erbauer der Stralsunder Marienkirche vom hohen Kirchturm über das Wasser schauten, wünschten sie sich vielleicht eine lange Brücke, die das Festland mit der Insel Rügen verbindet.
Aber erst von 1931 bis 1936 wurde der 2,5 km lange Rügendamm gebaut.

Blick auf den Marktplatz von Schwerin

Wer hinunter auf den Schweriner Markt schaut, sieht alte und neue Gebäude. Sie sind Zeugen der Vergangenheit und Gegenwart.
Spuren von gestern und heute findest du in jedem Ort – auch in deinem Ort.

Bürgerhaustür in Parchim

Kapitänstür vom Darß

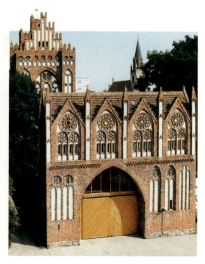

Stadttor in Neubrandenburg

Die reich geschmückten Haustüren sind in Parchim
und Prerow, das Tor in Neubrandenburg fotografiert.
Die Parchimer Tür hat einen neuen Anstrich erhalten,
das Holz und der Zierrat sind schon alt.
Vor über 100 Jahren fertigten die Tischler jede Tür
nach dem Wunsch des Hausbesitzers. Deshalb
sieht jede Tür anders aus. Besondere Verzierungen lassen
vermuten, dass die Hausbewohner wohlhabend waren.
Auf dem Darß künden die mit Blütenmotiven und Sonnen
geschmückten Türen vom Wohlstand der Kapitäne und
Steuermänner.
Riesige Tore in den Stadtmauern verschlossen
und sicherten in früheren Zeiten die Städte.

1 Schau dich um im Ort:
Türen können dir viel erzählen.

Türen im Ort erkunden

- Besprecht Treff-punkt, Weg und Material (Fotoapparat, Zeichenblock …).
- Befragt Einwohner nach dem Bauherrn des Hauses und nach Alter, Material und Hersteller der Türen.
- Dokumentiert eure Ergebnisse durch Fotos, Zeichnungen, Quellen-Texte und Gesprächs-protokolle.

Historische Quellen erforschen

Ein altes Foto

Eine alte Küche im Museum

Ein Oldtimer

Seit langer Zeit stellen die Menschen vieles her, was sie zum Leben brauchen oder woran sie sich erfreuen: Sachen für den Haushalt, Werkzeug, Maschinen, Häuser, Brücken, Fahrzeuge, Bücher, Gemälde, Schmuck.
Geschichtsforscher erhalten durch diese Sachen viele Informationen über das Leben früher. Man nennt sie daher historische Quellen oder Quellen für unser Wissen über die Vergangenheit. Auch alte Bräuche gehören dazu. Vieles ist schon erforscht und aufgeschrieben, aber immer wieder ist etwas zu entdecken.

Omas Poesiealbum

Historische Quellen gibt es auch bei dir zu Hause: eine alte Postkarte, eine Uhr vom Urgroßvater oder ein altes Foto deiner Familie.
Willst du solche Quellen enträtseln, musst du wie ein Forscher viele Fragen stellen:
- Wer war der Fotograf?
- Was und wer ist auf dem Foto zu sehen?
- Wo und wann ist das Foto entstanden?
- Warum wurde das Foto gemacht?
- Erklärt ein Text das Foto? Wer hat ihn verfasst?
- Wo wurde/wird das Foto aufbewahrt?

Ein alter Stadtplan von Stralsund aus der Bibliothek

1 Betrachte die Bilder. Beschreibe, was du aus den historischen Quellen erfährst.

2 Sucht eine historische Quelle. Stellt Fragen dazu und forscht nach Antworten.

⭐ Was bedeutet das Wort „Zeitzeuge"? Lest im Lexikon oder im Internet nach.

Im Frühling

Woher hat der Löwenzahn seinen Namen?
Welche Pflanzen wachsen auf der Wiese?
Welche Tiere leben in der Wiese?

Die Wohnungen in der Wiese

Ober-geschoss:
Blüten
größerer
Pflanzen

Mittel-geschoss:
kleine
Pflanzen

Erd-geschoss:
niedrige
Pflanzen

Keller:
Wurzeln

Alles hängt miteinander zusammen:
1 Die Pflanzen entnehmen dem Boden Wasser und Nährstoffe. 2 Die Kreuzspinne fängt Insekten. 3 Das Tagpfauenauge ernährt sich vom Nektar der Wiesenblumen.
4 Die Raupen des Tagpfauenauges fressen die Blätter der Brennnessel. 5 Der Regenwurm frisst abgestorbene Wurzeln. 6 Der Igel frisst Regenwürmer und …

Bewohner der Wiese

Das Tagpfauenauge ist ein Bewohner der Wiese. Der Tagfalter ist an den vier Augenflecken auf seinen Flügeln gut zu erkennen. Schlägt er die Flügel plötzlich auf, will er seine Feinde täuschen: Zwei große „Augenpaare" schauen sie an. Faltet der Schmetterling die Flügel zusammen, sieht er aus wie ein dürres Blatt, denn die Unterseiten der Flügel sind schwarz. Auf dunklem Untergrund ist er dann kaum zu sehen. So ist er gut getarnt und dadurch geschützt. Ein Tagpfauenauge verwandelt sich dreimal.

1 Das Weibchen legt Eier auf Brennnesselblättern ab. Sie dienen den geschlüpften Raupen als Nahrung.

2 Nach einigen Tagen schlüpfen die Raupen. Sie fressen und wachsen. Wird ihre Haut zu eng, häuten sie sich.

3 Nach etwa 14 Tagen spinnen sich die Raupen in einen langen Faden ein. Nun nennt man sie Puppen.

4 Zwei Wochen später schlüpft aus der Puppe ein Schmetterling. Er ernährt sich von Blütennektar.

Der Regenwurm wohnt im „Keller" der Wiese. Frisst er sich durch den Boden, entstehen lange Gänge. So wird der Boden aufgelockert und durchlüftet. Das ist gut für die Pflanzen. Der Regenwurm ernährt sich von alten Blättern und abgestorbenen Wurzeln. Sein Kot enthält viele Nährstoffe für Pflanzen. Woher sein Name kommt, ist unklar. Die einen sagen, weil wir bei Regen viele Regenwürmer an der Erdoberfläche sehen. Andere meinen, weil man den Regenwurm in früherer Zeit den „regen Wurm" nannte.

 Regenwürmer im Boden

- Schichtet dunkle und helle Erde in ein Glas. Legt Laub- oder Salatblätter obenauf. Gebt einige Regenwürmer hinein. Haltet die Erde etwas feucht.
- Stellt das Glas in einen Karton mit Luftlöchern. So sind die Würmer im Dunkeln – wie im Boden.
- Schreibt eure Beobachtungen auf.
- Bringt die Regenwürmer nach einer Woche wieder ins Freie.

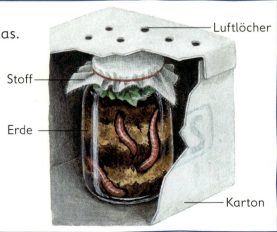

Luftlöcher

Stoff

Erde

Karton

Wiesenpflanzen mit Tiernamen

Der Löwenzahn soll seinen Namen
wegen der spitz gezahnten Blätter
bekommen haben. Sie erinnern
wirklich an die Zähne eines Löwen.
Die Pflanze wächst fast überall,
sogar zwischen Steinen. Sie lässt
Wiesen im Frühling erst gelb
und dann weiß leuchten.
Während die ersten Früchte
mit ihren weißen „Fallschirmen"
umherschwirren, treibt die Pflanze
schon wieder neue gelbe Blüten.

Der Wiesen-Storchschnabel hat
schnabelförmige Früchte, die
einem Storchenschnabel ähneln.
So bekam er seinen Namen.
Während der Blütezeit von Mai
bis August sieht man die Pflanze
blauviolett auf Wiesen leuchten.
Wiesen-Storchschnabel und
Löwenzahn werden auch
als Heilpflanzen genutzt.

1 Betrachte die Fotos.
Beschreibe sie.

2 Erforscht: Woher hat
das Gänseblümchen
seinen Namen?

3 Sucht auf der Wiese
verschiedene Gräser und
bunte Blütenpflanzen.
Gestaltet eine Ausstellung.

★ Die Farbspiele einer Wiese
könnt ihr auf Fotos festhalten.

Wiesenpflanzen betrachten und zeichnen

Löwenzahn

Fruchtkorb

Blütenkorb

Frucht

geschlossener Blütenkorb

Schon zeitig im Frühjahr blüht der erste Löwenzahn. In dem großen Blütenkorb hat er viele kleine gelbe Zungenblüten.

Der Blütenkorb wird zur „Pustekugel". Die Flugkörper der Samen sehen aus wie kleine Fallschirme. Ein Windhauch trägt sie fort.

Wiesenpflanzen zeichnen

Betrachte die Pflanze:
- Wie ist sie gewachsen
  – länglich, buschig …?
- Wie sehen die Teile aus?
Der Stängel: verzweigt, nicht verzweigt …?
Die Blattform: länglich, rund, eiförmig …?
Der Blattrand: gesägt …?
Die Blüte: eine, mehrere …?

Wiesen-Storch-schnabel

Blüte

Schnabel

Ab Mai blüht die lichthungrige Pflanze. Verdunkelt sich der Himmel, schließen sich die Blüten und schützen so Nektar und Blütenstaub vor Regen.

Im „Storchschnabel" bildet sich die Frucht. Werden die reifen Früchte nur leicht berührt, springen sie auf und schleudern ihre Samen heraus.

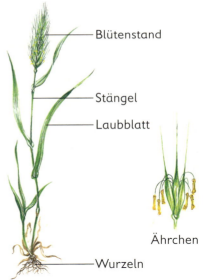

Blütenstand

Stängel

Laubblatt

Ährchen

Wurzeln

Mäuse-Gerste

Rispengras

Rotklee

Spitzwegerich

Mit dem Bestimmungsbuch arbeiten – ein Herbarium anlegen

Wie du mit einem <u>Bestimmungsbuch</u>
arbeiten kannst, ist darin beschrieben.
Du kannst unterschiedlich vorgehen:

Du siehst eine blühende Pflanze und
vermutest, es ist ein Gänseblümchen.
- Suche im Wörterverzeichnis den
  Namen. Sieh auf der angegebenen
  Seite nach. Stimmt deine Vermutung?

Du siehst auf der Wiese eine blühende
Pflanze, die dir unbekannt ist.
- Wähle ein Bestimmungsbuch, das die
  Pflanzen nach Lebensräumen ordnet.
- Schlage den Abschnitt „Wiese" auf.
- Vergleiche die abgebildete Pflanze
  genau mit der, die du gerade siehst.
- Hast du sie gefunden, lies dazu
  die Beschreibung.
- Merke dir den Namen.

In diesem Bestimmungsbuch sind Pflanzen
nach ihrem Lebensraum geordnet.

Du kannst Pflanzen sammeln und herbarisieren.
So kannst du vorgehen:

Sammeln

Auflegen und
pressen

Aufkleben

Beschriften

Sammle
keine
geschützten
Pflanzen!

25.4.1968
Neustadt,
Grünanlage
am Bahnhof

Gänseblümchen
Sammlerin:
Birgit Bahr

AH S.40

S. 8

Der Natur auf der Spur

Wie kommt Wasser in der Natur vor?
Wohin verschwindet Wasser aus der Pfütze?
Welche Eigenschaften hat Feuer?

Wasser überall

Wasser in der Natur kann fest, flüssig oder gasförmig sein.
Das nennt man Zustandsformen des Wassers.

1   Betrachte das Bild. Beschreibe die einzelnen Wasserbilder.
Verwende auch diese Wörter.

Welle   tragen   fließen   strömen   rinnen   Tropfen   reinigen

abschleifen   beschlagen   Eis   spritzen   auflösen   flüssig   trinken

Regen   fest   Tomate   Brunnen   Flut   rauschen   Haut

 S.2

Wasser verwandelt sich

 Wasser verwandelt sich

 Warum sehe ich Dampf über kochendem Wasser?

Ihr braucht:
- Eiswürfel, Brenner, Glasplatte, Becherglas, Ständer

Geht so vor:
- Orientiert euch an den Bildern.
- Schreibt ein Versuchsprotokoll.

A Stellt Eiskugeln oder Eiswürfel her.

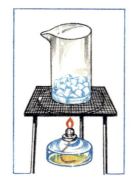

B Erhitzt das Becherglas.

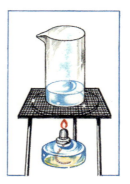

C Erhitzt das Becherglas weiter.

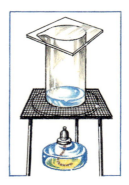

D Legt die Glasplatte auf das Becherglas.

Im Versuch wechselt das Wasser mehrmals seine Zustandsformen:

A Unter 0 °C erstarrt Wasser zu Eiskristallen, es wird fest.

B Über 0 °C schmilzt Wasser wieder, es wird flüssig.

C Bei 100 °C siedet Wasser und verdampft. Es wird gasförmig und schwebt als unsichtbarer Wasserdampf in der Luft.

D Kühlt der gasförmige Wasserdampf ab, bilden sich an der Glasplatte Tröpfchen. Aus Wasserdampf wird wieder flüssiges Wasser. Der Vorgang heißt: Kondensieren.

Versuchsprotokoll

- Findet eine Überschrift.
- Schreibt eine Vermutung zum Ergebnis auf.
- Notiert das Material.
- Skizziert den Versuchsaufbau.
- Führt den Versuch durch. Notiert eure Beobachtungen.
- Wertet das Ergebnis aus.

1 Formuliere mit Hilfe der Übersicht, was euer Versuch gezeigt hat.

Eis
fest

schmilzt

erstarrt

Wasser
flüssig

verdampft

kondensiert

Wasserdampf
gasförmig

Der Kreislauf des Wassers

 Niederschlag erzeugen

- eine Pflanze längere Zeit unter Glas lassen
- beobachten

 Eine Quelle fließen lassen

- Plastikflasche mit der Schere zuschneiden
- mit Lehm, Kies, Sand und Gartenerde füllen
- in eine Schale stellen
- Wasser hineingießen
- beobachten

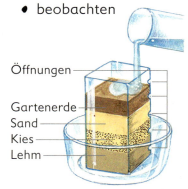

Öffnungen

Gartenerde
Sand
Kies
Lehm

Am Schaubild arbeiten

- Betrachte das Bild.
- Beginne an einer Stelle zu lesen.
- Folge den Pfeilen und lies weiter.
- Beschreibe den Kreislauf. Nutze dabei die Erklärungen.

In den Wolken fliegen die Wassertröpfchen oder Eisteilchen hin und her. Sie stoßen aneinander, verbinden sich und werden immer schwerer. Sie fallen als Niederschlag aus den Wolken.

Ist die Luft trocken, verdunsten viele Tropfen gleich wieder.

Ist die Luft feucht, fällt Regen.

Ist die Luft sehr kalt, fällt Schnee.

Die Sonne treibt er Wasserkreislauf ist die natürliche Bewegun

Dort, wo das Wasser einen Weg nach außen findet, tritt es als Quelle wieder hervor.

Teile des Niederschlags versickern langsam im Boden.

Feste Bodenschichten lassen kein Wasser hindurch, das Wasser sammelt sich darüber als Grundwasser.

Der Wind treibt die Wolken
über den Himmel.

Unzählige winzige Wassertröpfchen
oder Eisteilchen bilden Wolken.

In der Höhe kühlt diese Luft wieder ab.
Dabei kondensiert Wasserdampf.
Es bilden sich winzige Wassertropfen.
Bei großer Kälte entstehen Eisteilchen.

Diese Luft erwärmt sich
und steigt auf.

Der unsichtbare Wasserdampf
befindet sich in der Luft.

Auf der Erde wechselt Wasser ständig
vom flüssigen in den gasförmigen Zustand.
Es verdunstet:

des Wassers auf, unter und über der Erde.

diesen Wasserkreislauf an.

aus Meeren, Seen
und Flüssen,

aus Lebewesen,   aus dem Boden …

Wasser verdunsten lassen

Teller 1
in der Sonne

Teller 2
im Schatten

- je eine halbe
  Tasse Wasser in
  2 Teller gießen
- nach 2 Tagen
  nachsehen

Erklär mal was

- eine Flasche
  halb voll mit
  Wasser füllen
  und 2 Stunden
  im Kühlschrank
  kühlen
- die Flasche
  auf den Tisch
  stellen, nach
  15 Minuten
  anheben

Ist die Flasche
undicht?
Schreibe deine
Erklärung auf.

Stoffe lösen – Stoffe trennen

1 Schreibt zu einem Experiment ein Protokoll.

Wasser als Lösungsmittel

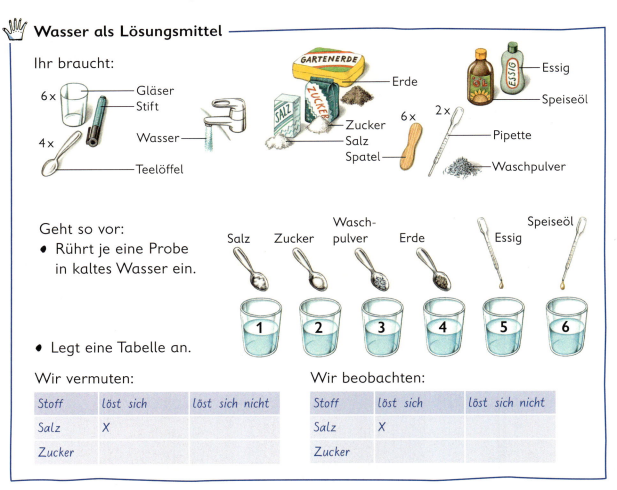

Ihr braucht:

6 x — Gläser, Stift
4 x — Teelöffel
Wasser
Erde
Zucker
Salz
Spatel
6 x
Essig
Speiseöl
Pipette
2 x
Waschpulver

Geht so vor:

- Rührt je eine Probe in kaltes Wasser ein.

Salz · Zucker · Wasch-pulver · Erde · Essig · Speiseöl
1 · 2 · 3 · 4 · 5 · 6

- Legt eine Tabelle an.

Wir vermuten:

Stoff	löst sich	löst sich nicht
Salz	X	
Zucker		

Wir beobachten:

Stoff	löst sich	löst sich nicht
Salz	X	
Zucker		

Stoffe trennen

Ihr braucht:

- die Proben aus dem oberen Versuch

Gläser — 6 x
Trichter
Filtertüten — 6 x

Geht so vor:

- Setzt den Trichter auf ein Glas. Legt eine Filtertüte hinein.

- Gießt die erste Probe durch den Filter in ein Glas.

- Gießt dann jede weitere Probe durch einen neuen Filter in ein neues Glas.

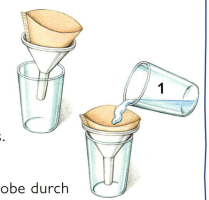

Brennen und löschen

Damit ein Feuer entstehen kann, müssen drei Bedingungen erfüllt sein:

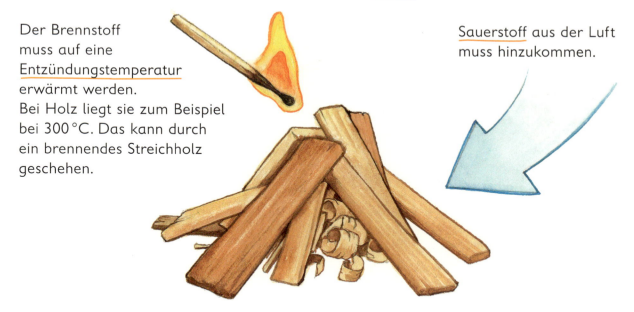

Der Brennstoff muss auf eine Entzündungstemperatur erwärmt werden. Bei Holz liegt sie zum Beispiel bei 300 °C. Das kann durch ein brennendes Streichholz geschehen.

Sauerstoff aus der Luft muss hinzukommen.

Es muss Brennstoff vorhanden sein, zum Beispiel das Wachs einer Kerze oder Holz.

Will man ein Feuer löschen, muss man mindestens eine Brandbedingung beseitigen:

Brennendes Papier kann einfach mit Wasser gelöscht werden. Das setzt die Entzündungstemperatur herab.

Ein Feuer im Kamin erlischt, wenn kein Feuerholz mehr nachgelegt wird. So wird dem Feuer der Brennstoff entzogen.

Brennendes Öl in einer Pfanne muss mit Kochdeckeln oder einer Decke erstickt werden. Dadurch wird dem Feuer der Sauerstoff entzogen.

1 Notiert, wie ihr euch im Brandfall in der Schule verhaltet.

 Gestaltet ein Plakat: Regeln zum Umgang mit Feuer.

Feuer – es brennt, es wärmt, es leuchtet

Das Gemälde zeigt eine Küche in einem reichen Haushalt vor 400 Jahren. Im offenen Kamin brennt ein Feuer. Es beleuchtet die Küche, wärmt den ganzen Küchenraum und auch die Suppe im Topf.

Dieses Gemälde wurde vor 400 Jahren gemalt. Es zeigt eine junge Frau, die bei Kerzenschein einen Brief liest. Das Licht der brennenden Kerze erhellt nur einen kleinen Raum. Damals trug man die Kerzen dorthin, wo man sie gerade brauchte.

1 Erzähle zu den Bildern und Wörtern: Erkläre, wie die Menschen Feuer nutzen. Wie kann das Feuer ihnen schaden?

Funke   Flamme   Brennstoff   Blitz   Feuerstein   Lagerfeuer   knistern   Lucia   Sauerstoff   Lichterkönigin

S. 2

Hier schüren Schmiede
ein Feuer in einer Esse.
Das ist eine offene Feuer-
stelle mit einem Abzug.
Die Schmiede verbrauchen
viel Brennmaterial, denn
das Feuer muss eine hohe
Temperatur erreichen.
Erst dann können sie Eisen
schmelzen und in Formen
gießen. Glühendes Eisen
wurde mit Hammerschlägen
bearbeitet.

In einer Stadt ist ein Feuer
ausgebrochen. Es breitet sich
zu einem verheerenden
Brand aus, zerstört Häuser
und Brücken. Die Flammen
lodern in den dunklen
Himmel. Junge und alte
Menschen fliehen aus
der brennenden Stadt.
Ist dieser Stadtbrand
noch zu löschen?

2 Schreibe einen Sachtext, eine Geschichte oder ein Gedicht über das Feuer.

Kerze   Rauch   lichterloh   Asche   aufflammen   prasseln   züngeln   Feuerschein   Glut   olympisches Feuer

Feuer – in aller Welt entfacht und genutzt

Vor vielen Jahrtausenden begannen die Menschen das Feuer
selbst zu entzünden und zu beherrschen.
Bis heute sind Menschen vom Feuer abhängig. Überall auf der Welt
wird es entfacht und vielfältig genutzt.

Ungarn:
Über einer kleinen Feuer-
stelle hängt ein Bogratsch-
Kessel. In ihm wird der
beliebte Kesselgulasch
(ungarisch: Bogrács
Gulyás) zubereitet.

China:
In Stahlwerken wird
im Feuer der Hochöfen
aus Eisenerz Roheisen
gewonnen. Aus dem
Roheisen wird dann
Stahl produziert.

Jamaika:
In der Jerk-Tonne liegt
glimmendes Holz
der Guave. Darüber wird
Hähnchenfleisch gegrillt
und später mit scharfen
Soßen serviert.

Indien:
Während der Hochzeit
wird für die Brautleute
ein heiliges Feuer
entzündet. Sie geloben
sich dabei Liebe, Treue
und gemeinsame Sorge
für ihre Kinder.

Mongolei:
In der Jurte, dem Wohnzelt
umherziehender Viehhirten,
stehen ein Herd und
ein Ofen. Beide werden mit
sonnengetrocknetem Dung,
Holz und trockenen
Pflanzenteilen beheizt.

Namibia:
Viele San (Buschmänner)
zünden Feuer noch auf
ursprüngliche Weise an:
Ein Feuerquirl wird so
lange hin und her gedreht,
bis der Zunder (Brenn-
stoff) zu glimmen beginnt.

 Sammelt Feuerbilder aus aller Welt. Schreibt Texte dazu.

 Lest im Internet über das Feuermachen in der Steinzeit nach.
Entfacht im Freien selbst ein Feuer.

Feuer löschen

1 Schreibt zu den Experimenten ein Protokoll.
Versucht, eure Beobachtungsergebnisse zu erklären.

 Ein Teelicht löschen

Ihr braucht:
2 Teelichter
2 Porzellanteller
ein feuerfestes Glas
Streichhölzer

Geht so vor:

Zündet die Teelichter an.   Stülpt das Glas über ein Teelicht.

 Einen Feuerlöscher herstellen

Ihr braucht:
1 Teelicht
1 Porzellanteller
1 kleine Flasche
1 Trichter
1 Esslöffel
1 Teelöffel
1 Stück Papier
Essig
Backpulver
Streichhölzer

Geht so vor:

Essig
 1
 2 Backpulver
 3
Kohlendioxid

1 Stellt das Teelicht auf den Porzellanteller und entzündet es.
Gießt 5 Esslöffel Essig in die Flasche.

2 Faltet das Papier als Einfüllhilfe.
Gebt einen halben Teelöffel Backpulver in die Flasche.

3 Haltet nun die Flasche waagerecht in die Nähe
der Flamme. Passt auf, dass kein Essig ausläuft.

Ich weiß auch
ein Experiment! Gebt
eine Brausetablette in ein Glas
mit wenig Wasser. Senkt eine
kleine brennende Kerze an einem
Blumendraht in das Glas.
Was passiert?

 Findet in Sachbüchern oder im Internet weitere Experimente
zum Thema „Feuer löschen".

Brandschutzregeln

Wenn du Kerzen anzündest, musst du
aufpassen, dass kein Brand entsteht.
Direkt über der Flamme beträgt
die Temperatur bis zu 750 °C. Selbst 10 cm
über der Flamme sind es noch 350 °C.
Zünde deshalb Kerzen nur an,
wenn ein Erwachsener dabei ist.

Brandschutzregeln zum Umgang mit Kerzen beachten

Bevor du die Kerzen anzündest …	Sieh nach, ob die Kerzen fest stehen und nicht zu dicht nebeneinander. Der Kerzenständer darf nicht entflammbar sein. Er sollte aus Metall, Glas oder Keramik sein. Stelle einen Eimer mit Wasser oder Sand bereit. Sollte doch etwas brennen, kannst du sofort löschen.
Wenn du die Kerzen anzündest …	Vorsicht! Nicht mit Ärmeln oder Haaren über die offene Flamme kommen. Streichholz nie in den Papierkorb werfen.
Wenn die Kerze brennt …	Zugluft vermeiden. Kerze nie ohne Aufsicht lassen. Du weißt nie, ob du abgelenkt wirst und die brennende Kerze vergisst.
Wenn du die Kerzen löscht …	Die Flamme möglichst nicht auspusten. Am besten mit einem Kerzenlöscher oder einem Metalllöffel ersticken.
Wenn es doch brennt …	Ruhe bewahren. Versucht, alle Fenster und Türen zu schließen. Die Flammen müssen erstickt werden – mit einer Decke, mit Sand – oder mit Wasser gelöscht werden. Gelingt das nicht, sofort die Feuerwehr rufen: **112**

1 Schreibt Brandschutzregeln auf, die in eurer Schule gelten.

Wusstest du schon ...

..., wie du im Internet Informationen findest?
..., wie du einen Wandfries gestalten kannst?
..., wie Medien genutzt werden können?

Im Internet Informationen suchen

Schritt 1: Was will ich wissen?
● Warum steht der Turm von Pisa schief?

Schritt 2: Welche Suchtechniken helfen mir?
● Du kannst eine konkrete Internetadresse eingeben.
● Oder du nutzt eine Suchmaschine für Kinder:
  Starte das Internetprogramm des Computers.
  Gib den Namen einer Suchmaschine für Kinder ein.
  Drücke die Eingabetaste.

**Beispiele für
Kinder-Suchmaschinen**

www.blinde-kuh.de
www.fragfinn.de
www.helles-koepfchen.de
www.kindernetz.de
www.milkmoon.de

Schritt 3: Welche Suchwörter gebe ich ein?
● Du suchst in deiner Frage die wichtigsten Wörter:
  Turm Pisa
● Du schreibst diese Suchwörter ein und klickst auf
  „Im Internet finden".

Adresse der Suchmaschine   Suchbegriff(e)   Im Internet finden

Schritt 4: **Wie gehe ich mit den Suchergebnissen um?**

- Die Suchmaschine zeigt alle Ergebnisse an,
  in denen die Wörter „Turm" und „Pisa" vorkommen.

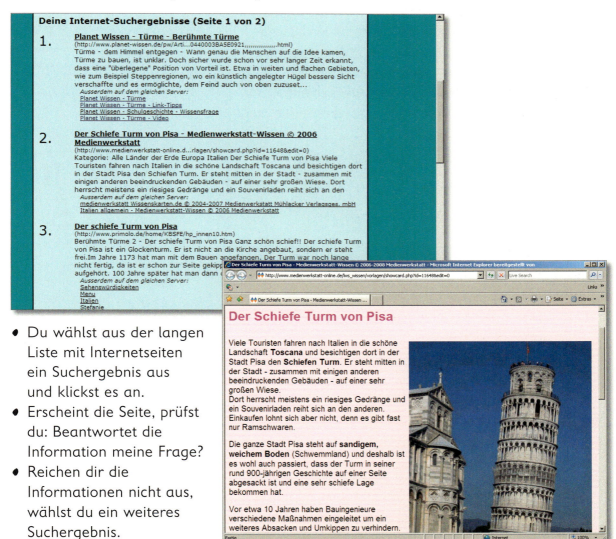

- Du wählst aus der langen Liste mit Internetseiten ein Suchergebnis aus und klickst es an.
- Erscheint die Seite, prüfst du: Beantwortet die Information meine Frage?
- Reichen dir die Informationen nicht aus, wählst du ein weiteres Suchergebnis.

Schritt 5: **Wie werte ich die Informationen aus?**

- Die Angaben müssen deine Frage beantworten.
  Du kannst dir interessante Angaben ausdrucken.

1 Verfolge diesen Weg im Internet. Suche selbst Informationen über Türme.

Beachte: Jeder kann Informationen ins Internet stellen, ob richtig oder falsch.
Prüfe, woher Informationen kommen. Lies auch in Sachbüchern nach oder frage Experten.

Medien nutzen und gestalten

In vielen <u>Medien</u> könnt ihr euch über „Türme in der Welt"
informieren. Wenn ihr einen <u>Wandfries</u> gestalten wollt,
müsst ihr genau überlegen, woher ihr Informationen
zum Thema bekommt.

1 Betrachtet die Medienübersicht. Besprecht:
- Welche dieser Medien könnt ihr beim Gestalten
  eines Wandfrieses über Türme nutzen?
- In welchen Medien findet ihr weitere Informationen zum Thema?

Internet

eine Person befragen

Reiseführer

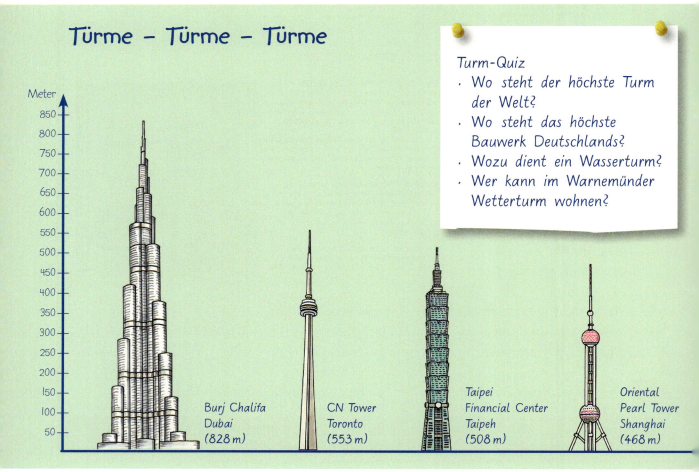

Türme – Türme – Türme

Meter

Turm-Quiz
- Wo steht der höchste Turm der Welt?
- Wo steht das höchste Bauwerk Deutschlands?
- Wozu dient ein Wasserturm?
- Wer kann im Warnemünder Wetterturm wohnen?

Burj Chalifa Dubai (828 m)
CN Tower Toronto (553 m)
Taipei Financial Center Taipeh (508 m)
Oriental Pearl Tower Shanghai (468 m)

Eine Kindergruppe hat einen Wandfries angefertigt.

2 Betrachtet den Wandfries und bewertet:
- Sind die Bilder und Texte übersichtlich angeordnet?
- Ist alles gut lesbar?
- Sind die Texte verständlich geschrieben?

Schreibt weitere Fragen zur Bewertung auf.
Diskutiert dann über den Inhalt und die Gestaltung.

Fernsehfilm

Sachbuch

Foto

Forschermaterial
bei einer
Turmbesteigung

Türmer
Im Mittelalter beobachteten
Türmer die Umgebung.
Sie warnten Stadt
und Burg vor Gefahren.
Sie wohnten meist auch ...

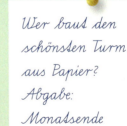

Wer baut den
schönsten Turm
aus Papier?
Abgabe:
Monatsende

Eine
Turmgeschichte

Türme
in unserer
Umgebung

Bitte sorgfältig auf- und zubinden.

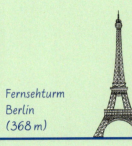

Fernsehturm
Berlin
(368 m)

Eiffelturm
Paris
(324 m)

Fernsehturm
Schwerin
(136 m)

Münster
Ulm
(161,5 m)

Schiefer Turm
Pisa
(55 m)

Medienangebote begründet auswerten und kritisch bewerten;
Medienprodukt herstellen

S. 8, S. 9

Medien auswählen

Es gibt verschiedene Medien, die durch Schrift, Bild oder Ton
Informationen an uns weitergeben und mit deren Hilfe
wir uns untereinander verständigen.

1 Benenne die abgebildeten Medien. Welche nutzt du häufig?

Nicht jedes Medium ist geeignet, um eine bestimmte Information zu finden.
In einem Buch findest du keine Informationen über das,
was gerade an diesem Tag passiert.
Im Sachbuch findest du keine Märchen.
Mit dem Radio kannst du keine Bilder empfangen.

2 Arbeitet in Gruppen:
- Welches Medium eignet sich, um die Frage zu beantworten?
  Schreibt das Medium auf. Begründet die Auswahl.
- Beantwortet nun die Fragen A–F.

A) Welche Temperaturen sagt der Wetterbericht für heute voraus?

B) Wie koche ich Pudding?

C) Was bedeutet das Wort „Manipulation"?

D) Wo bauen Eichhörnchen ihre Kobel?

E) Wann werden in dieser Woche Tierfilme im Fernsehen gezeigt?

F) Wie lange dauert die Bahnfahrt von meinem Heimatort nach Berlin?

 Schreibt weitere Fragen auf Karteikarten.
Sucht nach Antworten in verschiedenen Medien.

Von Pflanzen, Tieren und Menschen

Welche Zusammenhänge können wir in einem Lebensraum entdecken?
Wie können wir Pflanzen vermehren?
Wie bereiten wir einen Vortrag vor?

Was Pflanzen zum Leben brauchen

Feuerbohnen klettern an Stangen, Zäunen oder Rank-gerüsten empor. Sie werden im Mai ausgesät. Dann ist die Erde schon so warm, dass die Samen quellen und keimen können. Jeweils 6 bis 8 Samen werden in eine 3 cm tiefe Rille um jede Stange gelegt. Schon nach einigen Tagen sind die Pflänzchen zu sehen. Sie brauchen reichlich Feuchtigkeit und werden mit Kompost gedüngt. Später ragen die Feuerbohnen bis zu zwei Meter in die Höhe, dienen als Sichtschutz oder bieten pflanzlichen Nachbarn einen guten Windschutz.

Radieschen können schon ab März unter einem wärmenden Folientunnel ausgesät werden, im Freiland etwas später. Die Rillen sollten 1 cm tief sein und die Samen in 5 cm Abstand gelegt werden. Dann haben die Pflänzchen ausreichend Platz zum Wachsen. Radieschen gedeihen auf allen Böden, wenn sie genügend Wasser bekommen. Vier bis sechs Wochen nach der Aussaat kannst du sie ernten. Versuche es: Radieschen gedeihen auch in einem großen Blumentopf, zum Beispiel auf dem Balkon oder auf der Terrasse. Ganz frisch schmecken sie besonders gut.

Die Grünlilie wächst im Blumentopf auf dem Fenster-brett. Sie liebt helle, luftige und etwas sonnige Standorte. Man kann Grünlilien reichlich gießen. Nur wenn sie kühl stehen, sollte etwas weniger gegossen werden. Ab und zu sollte man sie düngen. Wenn der Blumentopf voller Wurzeln ist, muss die Pflanze in einen größeren Topf umgetopft werden.

1 Beobachte eine Pflanze im Schulgelände oder Schulgarten. Vermute, was sie für ihr Wachstum und ihre Entwicklung braucht. Schreibe oder male es auf.

2 Stellt in einer Übersicht zusammen, welche Zimmerpflanzen in eurer Schule wachsen und welche Pflege sie brauchen.

Wie vermehren sich Pflanzen?

Viele Pflanzen vermehren sich durch <u>Samen</u>.

Samen sehen verschieden aus.

Samen befinden sich hier in Früchten.

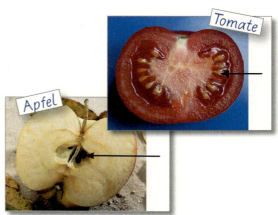

1 Sammelt und erforscht: Wie sehen Samen von Nadelbäumen aus?

Der Wind verbreitet Samen.

Auch Tiere verbreiten Samen. Aber wie?

Löwenzahn:
Samen fliegen
an Fallschirmen.

Linde:
Samen fliegen
an Propellern.

Klatschmohn:
Samen streuen
aus Kapseln.

Kletten haften
am Fell des
Fuchses.

Eichhörnchen
verstecken
Haselnüsse.

Amseln fressen
Beeren und
scheiden die
Samen aus.

Garten- und Zimmerpflanzen kann man auch so <u>vermehren</u>:

Erdbeere:
Ausläufer ein-
pflanzen

Grünlilie:
Ableger
einpflanzen

Buntnessel:
Blatt in Wasser
bewurzeln lassen,
dann einpflanzen

Bogenhanf:
Die Pflanze mit
einem Messer
teilen, einpflanzen

Korkenzieher-Weide:
Zweig in Wasser
bewurzeln lassen,
dann einpflanzen

2 Probiert aus: Samen aussäen   Ableger einpflanzen   Blattstecklinge einsetzen

Leben in der Hecke

Eine Hecke ist Lebensraum für viele Tiere und Pflanzen.
Sie spendet Schatten, schützt vor Wind und bietet den Tieren
Nahrung und Verstecke. Viele Tiere überwintern in Hecken.

Holunder

Brombeere

Schlehdorn

Heckenrose

Haselnuss

Insekten bestäuben die
Blütenpflanzen. Im Gestrüpp
legen sie ihre Eier ab.
Daraus schlüpfen Larven,
die hungrige Vögel anlocken.

Unter der Erde leben Würmer,
Schnecken, Milben und andere
kleine Tiere. Sie sorgen für
eine gute Bodendurchmischung.

In den Sträuchern balzen die Vögel,
bauen ihre Nester und suchen
nach Nahrung. Der Turmfalke
späht von hieraus nach Beute.

Rotkehlchen

Kreuzspinne

Haselmaus

Turmfalke

Am Boden finden kleine Tiere Schutz vor
Wind und Regen, vor Hitze und Trockenheit.
Hier können sie sich vor ihren Feinden verstecken.

1 Benenne die Tiere und Pflanzen in dieser Hecke.
Finde ihre Namen mit Hilfe der Fotos.

Zauneidechse

Alles hängt zusammen – aber wie?

Wiesenpflanzen [1] und Kartoffelpflanzen [2] brauchen zum Leben Sonne, Wasser, Luft und Boden. Kühe [3] fressen Wiesenpflanzen und trinken Wasser. Ihre Milch wird in Molkereien [4] verarbeitet. Menschen trinken Milch und essen Milchprodukte. Kartoffeln [5] werden angebaut, im Herbst geerntet und eingelagert. Ein Teil wird in Betrieben [6] verarbeitet, ein Teil dient als Schweinefutter [7]. Die Menschen essen Kartoffeln, aber auch Fleisch.

Lebensbedingungen von Pflanzen und Tieren in einem Biotop;
Herkunft von Nahrungsmitteln